运动营养学导论

YUNDONG YINGYANGXUE DAOLUN

龚云 编著

人民体育出版社

图书在版编目（CIP）数据

运动营养学导论 / 龚云编著. -- 北京：人民体育出版社, 2023（2024.11重印）
ISBN 978-7-5009-6341-7

Ⅰ.①运… Ⅱ.①龚… Ⅲ.①体育卫生－营养学 Ⅳ.①G804.32

中国国家版本馆CIP数据核字(2023)第137214号

＊

人 民 体 育 出 版 社 出 版 发 行
北京中献拓方科技发展有限公司印刷
新 华 书 店 经 销

＊

787×960　16开本　13.5印张　233千字
2023年11月第1版　2024年11月第2次印刷

＊

ISBN 978-7-5009-6341-7
定价：66.00元

社址：北京市东城区体育馆路8号（天坛公园东门）
电话：67151482（发行部）　　　邮编：100061
传真：67151483　　　　　　　　邮购：67118491
网址：www.psphpress.com

（购买本社图书，如遇有缺损页可与邮购部联系）

前　言

"民以食为天，健以食为先"，科学合理的营养是维持健康的基石；运动作为增进健康的重要手段，越来越被现代人们所喜爱，特别是运动员常以营养补剂作为提高运动成绩的法宝。可见，营养与运动相伴而生，在健康中国行动中理应占有重要位置。《运动营养学导论》一书在普及营养学知识的同时，着力阐述各类营养素与运动的关系，以及合理营养和兴奋剂等问题，对助推全民健身及提高竞技运动成绩将大有裨益。本书包括七个部分，即绪论和第一章热能、第二章营养素、第三章合理营养、第四章营养调查与评价、第五章运动员营养、第六章运动营养补剂。本书力争体现可读性、科学性、实用性及先进性，可作为本科生、研究生及运动员的教材或广大群众的参考书籍。

在本书编写过程中，得到了西北师范大学体育学院科研基金的支持，并参考了许多作者的研究成果，在此一并表示衷心的感谢！虽历经数载、披星戴月、精益求精编著完成，但限于学识、水平和经验，书中错误和纰漏在所难免，恳请同行专家和广大读者批评指正，以便再版时修正。

龚云

2022年10月　西北师范大学

目　录

绪论…………………………………………………………………（ 1 ）

第一章　热能…………………………………………………………（ 9 ）

　　第一节　能量的相关概念………………………………………（ 9 ）

　　第二节　能量平衡………………………………………………（ 12 ）

　　第三节　不同运动项目的供能及营养特点……………………（ 21 ）

第二章　营养素………………………………………………………（ 30 ）

　　第一节　蛋白质…………………………………………………（ 30 ）

　　第二节　糖类……………………………………………………（ 45 ）

　　第三节　脂类……………………………………………………（ 54 ）

　　第四节　维生素…………………………………………………（ 62 ）

　　第五节　无机盐…………………………………………………（ 81 ）

　　第六节　水………………………………………………………（105）

第三章　合理营养……………………………………………………（110）

　　第一节　平衡膳食………………………………………………（110）

　　第二节　食物结构、膳食指南和食谱编制……………………（116）

第四章 营养调查与评价 （134）

第一节 膳食调查 （134）
第二节 体格检查 （141）
第三节 生化检查 （147）

第五章 运动员营养 （150）

第一节 运动员合理营养 （150）
第二节 竞技运动项目的营养特点 （157）
第三节 比赛期的营养 （159）
第四节 特殊环境的运动营养 （161）
第五节 运动员营养的生化评价 （167）
第六节 控制体重运动员的营养 （174）

第六章 运动营养补剂 （178）

第一节 肌肉相关的运动营养补剂 （178）
第二节 能量相关的运动营养补剂 （187）
第三节 消除疲劳和恢复体能的运动营养补剂 （193）
第四节 防治运动性贫血的营养补剂 （197）
第五节 体重相关的运动营养补剂 （200）
第六节 运动营养补充误区 （203）

参考文献 （208）

绪 论

"民以食为天，健以食为先"，科学合理的营养是维持健康的基石；运动作为增进健康的重要手段，越来越被现代人们所喜爱，特别是运动员常以营养补剂作为提高运动成绩的法宝。可见，营养与运动相伴而生，在健康中国及体育强国战略中理应占有重要位置。

一、营养与运动

关于营养的概念，就字面而论，"营"为谋求，"养"为养生，营养即为谋求养生之意。亘古至今，无论帝王将相还是庶民百姓，对谋求养生（营养）的兴趣居高不减。特别是在物质生活日益丰裕的今天，人们对营养的认识比以往任何时候都更加迫切。现代科学研究认为：营养（nutrition）就是人类摄取食物满足自身生理需要的必要生物学过程。人们在对此项生物学过程进行总结、研究的过程中，又形成了营养学的科学理论。摄取食物是人和动物的本能，而正确合理地摄取和利用食物则是一门科学。同时，营养是体能及伤病恢复的有效手段之一，合理的营养可以显著提高运动员的机能状况。相反，不合理的营养将会导致机体生理功能紊乱、运动能力下降，甚至产生疾病和创伤。运动（sport）是由体力和技巧组合形成的具有健身价值的身体活动，受一定规则和习惯所约束，本质上属于人类本能活动。在漫长的历史进程中，为适应环境和生存发展所需，人类不断进化自己的身体活动，在技巧性和灵活性上获得了很大进步，随之而来的是人类寿命也在不断延长。可见，营养和运动就像一对孪生兄弟，相伴而生，共同促使人类健康水平不断提升。

（一）营养学

食物是维持人体生命和保证健康的物质基础。摄取食物是人和动物的本能，而正确合理地摄取和利用食物则是一门科学。营养学就是研究合理利用食物以增进人体健康的科学。营养学是生物科学的一个分支，在预防医学、临床医学、康复医学和自我保健中都有一定的地位。营养学也是一门综合性学科，它与生理学、生物化学、病理学、临床医学、食品科学、农业科学等学科都有着密切关联。从学科属性来看，营养学属于自然科学范畴，但兼具较强的社会性。随着科学研究的进展和现实需要，营养学又分出公共营养学、社会营养学、妇幼营养学、临床营养学、特殊营养学、食品营养学、老年营养学、营养经济学、营养流行病学、中医营养学、运动营养学等分支学科。

（二）运动营养学

运动营养学是研究运动员在不同训练或比赛时的营养规律、营养素与体能及运动性疾病防治相关的科学，是营养学的一个重要分支学科，也是营养学在体育实践中的应用，因此可将运动营养学视为应用营养学或特殊营养学。旨在为运动员适应一定强度运动的能量供给提供理论依据，为运动员延迟运动性疲劳的发生和加快疲劳的消除、提高训练效果和竞技水平提供合理膳食计划。目前，运动营养学研究范围大致包括下列几个方面的内容：

①分析各类食物的营养价值，研究食物所含营养素的量及其来源、功能、供给量、消化吸收过程。

②通过机体的机械功、渗透功和化学功，研究热能的供给与消耗。

③研究机体的组成成分以及生物活性物质的合成与补充。

④依据生理学、生物化学的基本原理及机体的需要，利用现代科学技术，不断研发能够提高运动能力的营养产品，以纠正运动性营养失衡并治疗运动性疾病。

⑤利用生物化学、细胞生物学及分子生物学技术，研究营养素及中草药有效成分在抗运动性疲劳、提高运动能力方面的作用机制。

（三）营养素

营养素是指能维持人体正常生长发育、新陈代谢所必需的营养物质。已知的人体必需的营养素约有50种，且存在于各类食品中。依化学性质可分为六类，即蛋白质、糖、脂肪、矿物质、维生素和水。它们在体内均有一定的生理功能，某种营养素过多或不足都会影响人体正常的新陈代谢而损害健康。目前已有人提出将膳食纤维另列为第七类营养素。糖、脂肪和蛋白质能为机体提供能量，但前两者是机体主要的能量来源，而蛋白质在体内除产生能量外，还是机体的组织成分；水、维生素和矿物质虽在体内不产生能量，但具有重要的调节机体代谢的作用，如食物的消化、肌肉的运动、组织的生长等，有的矿物质还是机体组织的成分，例如钙和磷是骨骼的组成成分。

食物中除了营养素外，还有许多具有生物活性的成分，譬如大蒜、洋葱及十字花科植物富含有机硫化合物，动物实验表明，其可阻断癌症发生并有抑癌作用，也可改变血清脂质与血小板聚集。绿茶、黄豆、谷类、柑橘类水果和十字花科等植物中富含类黄酮或生物类黄酮化合物，它们具有抗氧化、促进机体免疫应答等作用。

二、相关术语

在学习营养学知识时，经常会遇到一些重要的营养学概念，对这些概念的正确理解有助于掌握科学的营养学知识。在营养学中，常用"膳食营养素参考摄入量（DRIs）"来描述某种营养素应该摄入的量，实际上这只是针对某种人群设定的、某种营养素的日平均推荐摄入量，具体包括四个方面的内容：

（一）平均需要量（EAR）

可反映某群体中各个体平均每天某种营养素的摄入水平，该水平可以满足一个特定性别年龄组中半数健康个体的需要。

（二）推荐摄入量（RNI）

是评判满足某种性别、年龄及生理状况群体中绝大多数（97%~98%）健康个体需要量的摄入水平。

（三）适宜摄入量（AI）

当对某营养素需要量的研究资料不足时，不能准确计算EAR，也不能求得RNI时，可以设定AI来代替RNI。

（四）可耐受最高摄入量（UL）

是指平均每日可摄入某营养素的最高值，是反映人群中几乎所有个体都不致产生健康危害的平均每日最高摄入量。摄入量超过UL，对健康产生的风险增加。

三、营养现状

2018版《全球营养报告》显示，营养缺乏、体重超标、摄食过量，成为全球1/5的死亡诱因；健康饮食认知欠缺、健康食物供应不足、母乳喂养不够，食量过小或过大、偏食、挑食、限食致营养摄入不均衡，是当前突出的营养问题。人们一方面存在某些营养素缺乏，另一方面又有营养不平衡和某些营养素过剩的问题。据美国农业部（USDA）报道，1995年美国10%的家庭中至少有1人面临食物短缺，大约30万儿童在挨饿。全世界有8亿人口遭受慢性饥饿，许多人因饥饿而死亡。随着世界人口的增多，越来越多的人将面临饥饿的威胁。维生素和微量元素缺乏仍是人类营养的重要问题。全世界40%人口有不同程度的维生素和微量元素的缺乏。我国约有4%的人口缺乏维生素C。2~3岁儿童中约有8%缺乏维生素D。维生素和微量元素的缺乏导致了很多疾病的发生。据估计，10亿~20亿人患缺铁性贫血，其中大部分是妇女和儿童。碘缺乏仍是脑损害和神经发育迟缓的主要原因。维生素A缺乏是儿童致盲的主要原因。此外，科学技术的发展及社会经济条件的改善使人类的疾病谱发生了变化，从传染病转变为以慢性退行性疾病为主。我国占死亡原因前四位的疾病为恶性肿瘤、心血管疾病、脑血管疾病及呼吸系统疾病。成年人超重者达30%，12～15岁青少年高血压发病率已达3%。研究资料表明：饮食营养是造成慢性退行性疾病的重要因素之一。养成平衡膳食和适量运动等良好生活习惯，可预防这些疾病及营养素缺乏病，并可阻抑其发生率及发展速度。

四、营养学发展简史

营养学是一门既古老又年轻的基础应用科学，它的发展与科学技术及生产实践密切相关。现从国内、国际两个维度，沿时间轴梳理营养学发展简史。

（一）我国营养学发展简史

早在3000多年前，我国最早的医书《黄帝内经·素问》中就有"五谷为养、五果为助、五畜为益、五菜为充"的论述，这与现代营养学提倡的"平衡膳食"原则如出一辙。公元341年晋朝葛洪的《肘后备急方》曾提出，可用动物肝脏治疗维生素A缺乏所致的"雀目症"（即夜盲症），用海藻治疗因缺碘造成的甲状腺肿大。唐朝名医孙思邈已知用含维生素B_1丰富的中草药治久吃精米细面造成的脚气病。元朝饮膳太医忽思慧编著的《饮膳正要》一书，是一部珍贵的元代宫廷食谱，也是现存最早的古代营养保健学专著。明朝李时珍编著的《本草纲目》中记载了1982种天然动植物原料，包含了谷物、水果、蔬菜、野菜及动物食物，并配有详细注释。

20世纪初，现代营养学在我国初步创立。1913年前后，国人开始进行食品营养成分和营养状况的调查研究。1925—1936年，对许多食品的化学成分及营养价值进行了研究，国人膳食与营养状况的研究取得了一些进展。1939年，中华医学会提出了我国第一个营养素供给量建议。1941年，召开了第一次全国营养学会议。1945年，正式成立了中国营养学会。中华人民共和国成立后，从事营养科学研究工作的机构如雨后春笋般发展起来。1952年，我国出版了第1版《食物成分表》；1956年创刊了《营养学报》；1959年对全国26省市的50万人进行了四季膳食调查；1962年提出了中华人民共和国成立后第一个营养素供给量建议；1982年、1992年分别进行了第一次、第三次全国性营养调查；1988年，中国营养学会修订了每人每日膳食营养素供给量。相关机构统计资料表明，我国居民既有食物品种单调或短缺造成的营养缺乏病，也有膳食不平衡所致的与营养失调有关的疾病。为此，中国营养学会于1989年又推出我国居民膳食指南。随着我国经济的发展、人民生活水平的提高及膳食结构的改变，1997年，中国营养学会再次修订了膳食指南。1998年，为配合国务院制订的《中国营养改善行动计划》，中国营养学会又发布了《中国居民平衡膳食宝塔》，将我国食物分类的概念和每人每日各类食物合理摄入范围，以形象、量化和直观的形式展现出来，这对普及营养知识，指导居民合理膳食具有重要意义。

2000年10月17日，中国营养学会在第八次全国营养学术会议上，公布了我国第一部"膳食营养素参考摄入量"，标志着我国营养学界在理论研究和实践运用的结合方面迈出了重要的一步。"膳食营养素参考摄入量"不仅可以更科学地评价和指导中国居民膳食消费，更加周密地制定全民营养教育计划，还可以更有效地指导食品的工业和农业生产。2007年，卫生部委托中国营养学会组织专家学者，制定并发布了《中国居民膳食指南（2007）》，该指南以先进的科学证据为基础，密切联系我国居民膳食营养的实际情况，对各年龄段居民科学合理摄取营养、避免不合理膳食引发的疾病具有普遍的指导意义。

2016年5月13日，国家卫生健康委员会疾病预防控制局发布了《中国居民平衡膳食指南》，配套有《中国居民平衡膳食宝塔》和《中国居民平衡膳食餐盘》。进入新时期，为落实国务院发布的《健康中国行动（2019—2030年）》中将"合理膳食行动"列为重大行动之一的精神，结合近年来国内外食物和健康科学研究的新成果、新证据，科学分析五年多来我国居民膳食与营养健康现状及问题，中国营养学会于2022年4月26日在北京正式发布《中国居民膳食指南（2022）》，新指南结合当时疫情常态化防控和制止餐饮浪费等有关要求，凝练出了平衡膳食8项准则。至此，我国已有5版《中国居民膳食指南》正式发布，标志着我国在营养健康科学研究道路上渐趋成熟。

此外，我国在公共营养、临床营养、食品营养、儿童营养、老年营养、特殊营养、营养教育等方面，也进行了较为广泛和深入的研究。目前，营养学已成为指导社会文明和健康必不可少的学科，它必将为增强人民体质，提高人口健康质量做出更大的贡献。

（二）国外营养学发展简史

西方国家在经历了文艺复兴、产业革命后，化学和物理学得到飞速的发展，这为近代营养学的建立奠定了坚实的理论基础。20世纪初，阿脱华脱与本尼迪克特发明了弹式热量计，用它可测定食物中的热量，并用呼吸量计测定了各种体力活动的热量消耗。

现代营养学奠基于18世纪中叶，到了19世纪，由于碳、氢、氮定量分析法及由此而建立的食物组成与物质代谢的概念，氮平衡学说和等价法则的创立，为现代营养学的形成和发展奠定了基础。从19世纪到20世纪中叶，是现代营养学发展的鼎盛时期，期间陆续发现了各种营养素。1810年发现了第一种氨基酸，1838年蛋白质作为一种科学术语被命名，1844年发现了血糖，1881年对无机盐有了较多研究，1920年正式命名维生素，1929年证明亚油酸为人体必需脂肪酸，1938年提出8种人体必需氨基酸。二战结束后，营养科学进入了立足实验技术科学的兴盛时期，对营养科学的认识也从宏观转向微观，分子生物学的理论与方法的发展，使营养科学的认识进入了亚细胞水平、分子水平。1943年，美国首次提出各社会人群膳食营养素供给量的建议。此后，许多国家也相继效仿，纷纷提出了自己的营养素供给量建议，作为合理营养的科学依据。近年来，许多国家为了在全社会推行公共营养的保证、监督与管理措施，除加强科学研究外，还制定了营养指导方针，创立营养法，建立国家监督管理机构，推行有营养学参与的农业生产和食品工业生产等政策，使现代营养学更富于宏观性和实践性。

五、运动营养学发展趋势

营养学是在生理学、生物化学基础上发展起来的。随着科学的进步，目前不仅与上述两个学科继续保持着紧密联系，而且还与其他学科相互渗透，如细胞学、医学、药学、有机化学、分析化学。运动营养学也是如此。

近年来，运动营养学学者在完成运动员合理膳食结构的研究工作外，还进行大量的理论研究。基础研究方面，基本线路是通过动物实验发现某种营养产品或药物对提高运动机能有明显的生理作用，然后采用有机化学、分析化学、物理学和生物化学的方法，如各种光谱法、气质联用法、核磁共振法、放射免疫法、酶化学法、色谱法及电泳法等，对营养产品的有效成分进行分离、鉴定，确定有效成分的组成、结构和性质，推测其应有的生理功能和提高运动能力的机制，然后再通过医学、药学、细胞学、生物化学实验来验证推测。近年来，在《体育科学》《中国运动医学杂志》及《营养学报》等权威学术期刊上，发表了许多相关研究论文，特别是中草药有效成分抗运动性疲劳方面的研究内容逐年递增。另外，运动营养和激素合成与分泌、运动营养和细胞膜的结构与功能、运动营养和免疫系统、运动营养和体内生理平衡、运动营养和酶活性、运动营养和物质能量代谢、运动营养和运动性疾病防治等诸多方面的研究屡见报道。这些研究旨在阐明营养和运动机能、运动状态、运动能力之间的关系。根据目前运动营养学与其他学科的广泛联系和迅速发展的态势，有理由相信，运动营养学和分子生物学最终也会走到一起，从而有效地调控与疲劳有关基因的表达，使人们对疲劳的调控达到较高程度。若能实现这一目标，运动营养学在整个体育学科的地位会大幅度提高。为此，运动营养学工作者不仅要开展应用型研究，还须强化基础理论研究。同时，生理学、生物化学、分子生物学及其他学科的研究者也应多关注、留意交叉运动营养学领域，以促进营养学的理论与实践更好地结合并向更高层次发展，使运动营养学这一年轻学科更加生机勃勃、日趋成熟。

第一章 热能

由于能量是维持人体生命的基本条件,能量的摄入与消耗是否平衡,可直接影响其他营养素的代谢与身体健康,所以热能代谢是营养学研究的重要前提,也是学习营养学的首要内容。

机体每日都以消耗能量来维持生命活动和工作学习的需要。农作物在生长过程中从阳光中获得能量并贮存在体内。人类从由农作物制成的食品中得到这些能量。植食性动物也以相似的途径获得能量,人类摄入这些动物性食品时就可获得相应的营养素。

人体所需的营养素是由食物供给的,通过各种食物组成的膳食可提供给人们各种营养素,因此具有营养的膳食应该具有以下特征:第一是足量,能供给机体各种营养素、能量和各种膳食纤维;第二是平衡,不过分强调某种营养素或食物;第三是控制能量,不过多也不过少,有利于机体维持适宜体重;第四是适量,不提供过量的脂肪、胆固醇、糖以及其他机体不需要的成分;第五是多样性,每日的膳食不重复。

不同年龄、性别和处于不同生活、生理状态下的人们,其营养需要是不同的。比如,孕妇与非孕妇女相比,对能量和一些营养素的需要量就要高一些;而肾病者,由于肾脏代谢功能的变化,应限制膳食中某些营养素的摄入量。

第一节 能量的相关概念

人体的活动不论生理活动(细胞的生长繁殖、组织的更新、营养物质的运输、代谢废物的排泄、心脏的跳动、肌肉的收缩和神经冲动的传导等)、体育活动还是劳动,都与体内伴随着物质代谢的能量代谢分不开,都需要热能,没有热能,任何器官都无法工作,生命也就停止了。人体所需的能量来自食物中的糖、脂肪和蛋白质。人体从食物中获得供能物质——碳水化合物、脂肪、蛋白质,这三类有机物吸收入体内后,分别可为人体提供约4kcal、9kcal、4kcal的热量,所以这三类营养素又称为产能营养素。产能营养素在生物氧化中释放能量,其中一部分用于维持体温,另一部分则以高能磷酸键化合物(ATP、GTP等)、高能硫酯键化合物(乙酰辅酶A)等形式储存。高能磷酸键也可转移给肌酸,形成磷酸肌酸储存备用。机体活动消耗的能量大部分取自ATP,每摩尔ATP的高能磷酸键水解可释放7.3kcal热能。体内能量的周转、储存与消耗见图1-1。

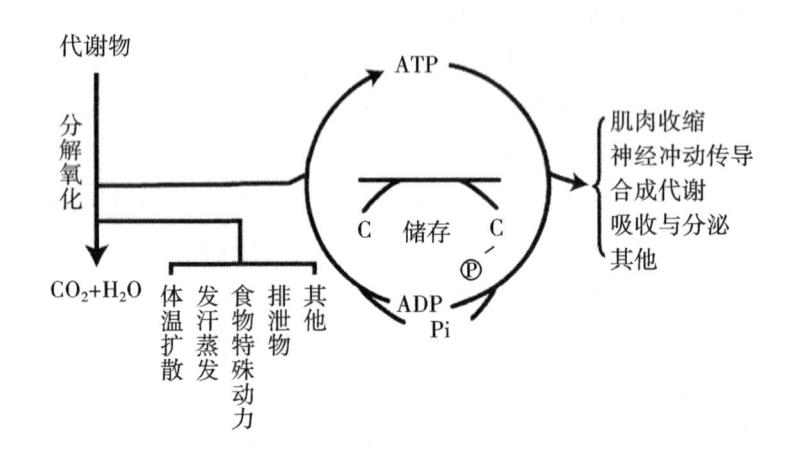

图1-1 体内能量的周转、储存及利用

(一)能量的单位

国际上通用的热能单位是焦耳(J),1焦耳等于用1牛顿的力使1千克物体移动1米所消耗的能量,在实际应用中常增大千倍,即千焦(kJ)。然而,营养学上常用的热能单位为卡(cal, calorie),指1升纯水从15℃升高到16℃所需的热量,在实际应用中常以千卡(kcal)为单位。1kcal相当于4.184kJ,1kJ等于0.239kcal。目前千卡与千焦常被同时应用,正逐步转向以后者为主。

（二）能量系数（卡价）

每克碳水化合物、脂肪和蛋白质在体内完全氧化分解时所产生的热能值称为能量系数（或热能系数）。食物中每克碳水化合物、脂肪和蛋白质在弹式测热器中完全氧化分解产生的热能为：

碳水化合物：17.15kJ（4.1kcal）

脂肪：39.54kJ（9.45kcal）

蛋白质：23.64kJ（5.65kcal）

碳水化合物和脂肪在体内可以完全被氧化成二氧化碳及水所产生的热量与测热器中所测热量基本相同。蛋白质在体内不能完全氧化，其最终产物除二氧化碳及水以外，还有不能再进行分解的尿素、肌酐、尿酸等含氮物被排出体外。每克蛋白质产生的含氮物在测热器中还可产生5.44kJ（1.3kcal）热能，计算能量系数时这部分应予扣除。此外，三种营养素在消化吸收过程中所造成的损失也应减去。糖类、脂肪和蛋白质的消化吸收率分别为98%、95%和92%。故三大营养素的能量系数为：

碳水化合物：17.15kJ×98%=16.8kJ（4kcal）

脂肪：39.5kJ×95%=37.6kJ（9kcal）

蛋白质：（23.64kJ–5.44kJ）×92%=16.7kJ（4kcal）

如果以植物性食物为主的膳食结构，其消化吸收率低于上述估计值，则能量系数下降，尤其是蛋白质。

（三）氧热价

营养物质在体内氧化时，每消耗1L氧气所释放的热量称为该物质的氧热价（thermal equivalent of oxygen）。食物在体内氧化要消耗氧，但由于食物的分子结构不同，所以氧化分解时的耗氧量也不同。例如，1g糖完全氧化需耗氧0.83L，根据1g糖的卡价为4.0kal，就可算出每消耗1L氧来氧化糖类食物时，其氧热价为5kcal；按照同样的方法，可依次算出脂肪和蛋白质的氧热价，它们分别为4.7kcal和4.5kcal。

（四）呼吸商

食物在体内氧化生成的二氧化碳体积与同时消耗氧气的体积之比称为呼吸商（respiratory quotient，RQ）。食物在体内被从肺吸入的氧气最终氧化成二氧化碳及水，同时释放能量。不同食物所含的能源物质碳、氢、氧等化学组成不尽相同，故在氧化中所需的氧气及生成的二氧化碳也就不同。糖类、脂肪及蛋白质的呼吸商分别为1.0、0.7、0.8。而普通膳食因其所含糖类、脂类及蛋白质比例不同，因此其呼吸商是有差异的。实验测试结果表明，进食普通膳食的呼吸商约为0.85，多食糖类则呼吸商增高，多食脂类和蛋白质则呼吸商降低。正常的呼吸商一般介于0.7~1.0之间。

第二节 能量平衡

所谓能量平衡（energy balance）即机体消耗和摄入的能量趋于相等。能量平衡是营养学中一个最基本的问题，也是评价营养状况的重要指标。当热能的摄入量与消耗量相当时，人体的体重保持恒定。热能摄入量大于消耗量时，体重和体脂会增加；热能摄入量小于消耗量时，体重会减轻。两者都有损于身体健康。儿童少年因处于生长发育期，能量的摄入应大于消耗，才能保证其正常的生长发育。

一、能量消耗

人体热能消耗（energy expenditure）包括以下几个主要部分：基础代谢（basal metabolism，BM）耗能、运动生热效应（the thermic effect of exercise，TEE）、食物生热效应（the thermic effect of food，TEF）和机体生长发育所需的能量。成年人的能量消耗为前三项，第四项适用于儿童、少年和孕妇，也可包括长期患病引起机体大量消耗后处于正在康复期的个体。

(一) 基础代谢

基础代谢耗能是指维持机体最基本生命活动所消耗的能量。一般指清晨清醒静卧、未进餐、心理安静的状态，此时，只有呼吸、心跳等最基本的生命活动，没有食物的消化吸收和体力、脑力活动的能量消耗。即在清晨、空腹、静卧及清醒状态下进行，而且室温要保持在18～25℃之间。研究结果表明，人体基础代谢的高低虽与体重有关，但并不成比例关系，而与体表面积（body surface area）成正比。所以，单位时间内人体每平方米体表面积所消耗的基础代谢能被称为基础代谢率（basal metabolic rate，BMR），以"kJ/（m^2·h）"表示。常用间接测热法，即测定耗氧量，再乘以氧热价算出单位时间的热能消耗量，即先为基础代谢率。正常情况下，人体的基础代谢率比较稳定；在相同年龄、性别、体重的正常成年人中，85%的人其基础代谢率在正常平均值的±10%以内。中国人基础代谢率平均值见表1-1。

表1-1 人体每小时基础代谢率

年龄（岁）	男 kJ/m^2	男 kcal/m^2	女 kJ/m^2	女 kcal/m^2	年龄（岁）	男 kJ/m^2	男 kcal/m^2	女 kJ/m^2	女 kcal/m^2
1～	221.8	53.0	221.8	53.0	30～	154.0	36.8	146.9	35.1
3～	214.6	51.3	214.2	51.2	35～	152.7	36.5	146.4	35.0
5～	206.3	49.3	202.5	48.4	40～	151.9	36.3	146.0	34.9
7～	197.9	47.3	200.0	45.4	45～	151.5	36.2	144.3	34.5
9～	189.1	45.2	179.1	42.8	50～	149.8	35.8	139.7	33.9
11～	179.9	43.0	175.7	42.0	55～	148.1	35.4	139.3	33.3
13～	177.0	42.3	168.6	40.3	60～	146.0	34.9	136.8	32.7
15～	174.9	41.8	158.8	37.9	65～	143.9	34.4	134.7	32.2
17～	170.7	40.8	151.9	36.3	70～	141.4	33.8	132.6	31.7
19～	164.0	39.2	148.5	35.5	75～	138.9	33.2	131.0	31.3
20～	161.5	38.6	147.7	35.3	80～	138.1	33.0	129.3	30.9
25～	156.9	37.5	147.3	35.2					

引自：杜希贤.营养与食品卫生学［M］.3版.北京：人民卫生出版社，1997.

若将此表数据输入Excel，可得如下折线图（图1-2）。

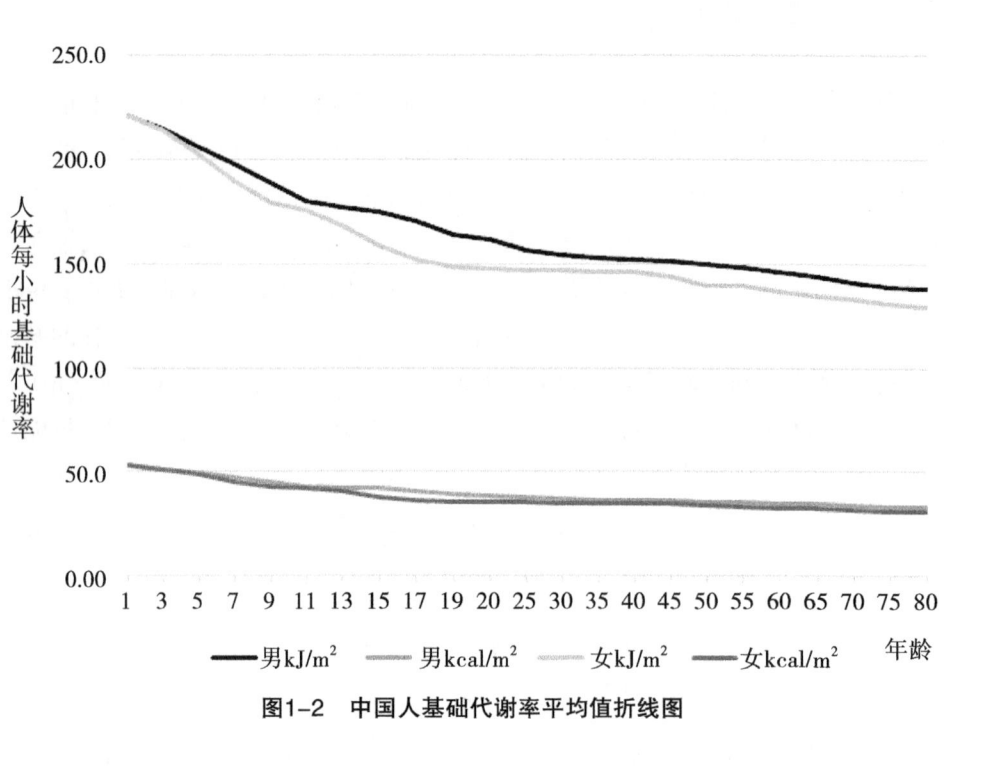

图1-2 中国人基础代谢率平均值折线图

从图1-2可以看出，在人的一生中，基础代谢率男性与女性对比存在一些规律：1岁时，男性、女性基础代谢率相同，此后，基础代谢率均随年龄的增加而下降；20岁后，男性、女性基础代谢率下降速度均较之前减小；同一年龄段，男性基础代谢率普遍高于女性；女性7~9岁基础代谢率降幅最大；女性19~35岁、男性30~45岁基础代谢率比较稳定；60岁后，男性、女性基础代谢率下降趋势趋同。影响基础代谢的因素有体表面积、年龄、性别、内分泌及其他因素等。

1. 体表面积

中国人的体表面积可按下列公式计算：

男子体表面积（m^2）=0.00607×身高（cm）+0.0127×体重（kg）−0.0698

女子体表面积（m^2）=0.00586×身高（cm）+0.0126×体重（kg）−0.0461

儿童体表面积（m^2）=42.3356×身高（cm）+175.6882×体重（kg）−272.2715

体表面积越大，散热面积越大。儿童年龄越小、相对体表面积越大，基础代谢率也越高。瘦高体型的人由于所含代谢活性高的瘦素较多和体表面积大，其基础代谢率高于矮胖的人。

2. 年龄

婴幼儿时期是一生中代谢最旺盛的阶段，与身体组织迅速生长有关。青春期是又一个代谢率较高的时期，但成年后随年龄增长，代谢率又缓慢地降低。其中内分泌的影响可能是重要因素，也与体内活性组织的相对量的变动有密切关系。

3. 性别

即使年龄与体表面积都相同，女性的基础代谢耗能低于男性。因女性体内的脂肪组织比例大于男性，活性组织（瘦体质）比例则小于男性。育龄妇女在排卵期前后有基础体温波动，表明此时基础代谢也有变化。

4. 内分泌

内分泌系统分泌的激素中，对基础代谢影响最大的是甲状腺激素。它可增强各种细胞的物质代谢速率，因此，分泌过多或过少则基础代谢率可高于或低于正常水平。甲状腺功能亢进者，基础代谢率可比正常平均值增加40%～80%。

5. 其他因素

如气温，高温环境下因散热需要出汗，呼吸心跳加快；环境温度过低可使机体散热增加并颤抖，因此不论高温环境或低温环境都可引起基础代谢率增高。另外，凡能引起交感神经兴奋的因素通常可使基础代谢率增高。

（二）体力活动

体力活动包括劳动和体育活动，是机体能量消耗的主要部分。常见的中等强度劳动如学生的日常活动、机动车驾驶等，其耗氧量是基础代谢的4～5倍；体力活动不仅消耗大量机械能，而且还要消耗用于修整组织及合成细胞内物质所需的能量。能量消耗的多少除与劳动强度及持续时间长短有关外，还与劳动熟练程度有关。

目前，应用BMR乘以体力活动水平（physical activity level，PAL）来计算人体的能量消耗或需要量。中国营养学会建议我国人民的活动强度可由5级调整为3级，劳动强度的等级划分标准参见表1-2。

表1-2　建议中国成人劳动强度分级

劳动强度	职业工作时间分配	工作内容举例	PAL 男	PAL 女
轻	75%的时间坐或站立 25%的时间站着活动	办公室工作、修理电器钟表、售货员、酒店服务员、化学实验操作、讲课等	1.55	1.56
中	25%的时间坐或站立 75%的时间特殊职业活动	学生日常活动、机动车驾驶、电工安装、车床操作、金工切割等	1.78	1.64
重	40%的时间坐或站立 60%的时间特殊职业活动	非机械化农业劳动、炼钢、舞蹈、体育活动、装卸、采矿等	2.10	1.82

注：PAL：体力活动比。PAL=一项活动每分钟能量消耗量/每分钟基础代谢的能量消耗量。

（三）食物特殊动力作用

食物特殊动力作用也称食物的热效应（thermic effect of food，TEF），是指因摄入食物引起能量消耗增加的现象。即摄食使基础代谢率升高，这种升高始于摄食开始不久，一般3~4小时后恢复正常。能量消耗增加的多少因食物而异，进食碳水化合物或脂肪，分别增加5%~6%与4%~5%，摄入蛋白质可增加30%，三者的混合膳食增加平均值为10%，因此，在计算热能消耗时，应将基础代谢与体力活动消耗的能量，再加10%的食物特殊动力作用增加的能量。例如，某人24小时消耗的前两项热量为1800kcal，则食物特殊动力作用额外消耗的能量为180kcal。这种摄食引起的能量消耗增加机制，尚未完全阐明。据已有的研究资料，可能主要由于摄食引起消化系统的活动以及吸收入体内的物质进行中间代谢，而使能量消耗增高。

（四）生长发育

儿童和孕妇所消耗的能量还包括生长发育所需的能量。新生儿按体重（kg）与成人比较，其能量消耗多2~3倍。3~6月的婴儿，每天用于生长发育的能量占摄入热能的15%~23%。据Waterlowd的测定结果，体内每增加1g新组织约需4.78kcal能量。孕妇除供给胎儿生长发育所需的能量外，还有自身生殖系统发育的特殊需要，哺乳期女性则应补偿乳汁分泌所需的能量，每天约200kcal。

二、热能的需要与供给

在营养学上需要（requirement）和供给（allowance）是两个既相互联系又相互区别的概念，前者指维持机体正常生理功能所需要的数量，低于这个数量将会对机体产生不利的影响；后者则为在已知需要量的前提下，按食物的生产水平与人们的饮食习惯，同时考虑到人群中个体差异和照顾群体中绝大多数所设置的个体安全量，因此供给量通常高于需要量，世界各国的供给量有一定差别。

1973年，世界卫生组织（World Health Organization，WHO）与世界粮农组织（Food and Agriculture Organization，FAO）的有关热能与蛋白质专家委员会提出，以一个中等活动量的成人作为参考人（reference adult），并根据其活动量的增减定出轻、重体力劳动者的热能供给值。具体核算方法如下。

男性参考成人的基准为：年龄20~39岁，体重65kg，健康，无疾病并能适应8小时具有中等活动量的工作。业余时间，8小时床上睡眠，4~6小时做轻度活动，2小时走路、文娱、休息与家务。

女性参考成人的基准为：年龄20~39岁，体重55kg，健康状况同上述。从事轻体力工作，或其他具有中等强度活动的工作8小时，睡眠8小时，业余从事很轻的活动4~6小时，2小时走路、文娱、休息与家务。

为了校正年龄因素对能量需要的影响，又定出年龄在40~49岁减少相应能量供给的5%，50~59岁减少10%，60~69岁减少20%，70岁以上减少30%。3个月内的婴儿按每千克体重供给120kcal，1岁内的婴儿则按平均每千克供给112kcal计算。中国营养学会于2000年制定的计算中国居民膳食能量推荐摄入量见表1-3。

表1-3 中国居民膳食能量推荐摄入量（RNI）

年龄（岁）	RNI MJ/d 男	RNI MJ/d 女	kal/d 男	kal/d 女	年龄（岁）	RNI MJ/d 男	RNI MJ/d 女	kal/d 男	kal/d 女
0	0.4MJ/（kg*d）	0.4MJ/（kg*d）	95kcal/（kg*d）	95kcal/（kg*d）	18~轻体力活动	10.04	8.80	2400	2100
0.5~	0.4MJ/（kg*d）	0.4MJ/（kg*d）	95kcal/（kg*d）	95kcal/（kg*d）	中体力活动	11.30	9.62	2700	2300
1~	4.60	4.40	1100	1050	重体力活动	13.38	11.30	3200	2700
2~	5.02	4.81	1200	1150	孕妇（4~6个月）	-	+0.84	-	+200
3~	5.64	5.43	1350	1300	孕妇（7~9个月）	-	+0.84	-	-
4~	6.06	5.85	1450	1400	哺乳期女性	-	+2.09	-	+500
5~	6.70	6.27	1600	1500	50~轻体力活动	9.62	7.94	2300	1900
6~	7.10	6.70	1700	1600	中体力活动	10.87	8.36	2600	2000
7~	7.53	7.10	1800	1700	重体力活动	13.00	9.20	3100	2200
8~	7.94	7.53	1900	1800	60~轻体力活动	7.94	7.53	1900	1800
9~	8.36	7.94	2000	1900	中体力活动	9.20	8.36	2200	2000
10~	8.80	8.36	2100	2000	70~轻体力活动	7.94	7.10	1900	1700
11~	10.04	9.20	2400	2200	中体力活动	8.80	7.94	2100	1900
14~	12.13	10.04	2900	2400	80~	7.94	7.10	1900	1700

三、热能代谢状况的评价

（一）量的方面

主要是评价摄入与消耗是否平衡，以平衡为佳。如果摄入小于消耗，可致人体重低于正常、消瘦、生理功能紊乱及抵抗力降低，可严重影响未成年人的生长发育。体重为热能平衡的常用观测指标。理想体重（kg）=身高（cm）-105。

低于理想体重10%，为轻度热能缺乏；低于10%~20%为中度缺乏；低于30%以上为严重缺乏；低于40%以上则将危及生命。反之，摄入大于消耗呈正平衡，则体内脂肪沉积发生超重（超过理想体重10%）或肥胖（超过理想体重

20%，称为营养性肥胖）。由于肥胖加重心脏负担，可引起严重后果，肥胖还可诱发糖尿病、胆道疾病等。称量体重须注意条件的标准化，应排除衣物、进食、粪便排空等的影响，此外应长期定时称量以便了解变化的趋势，必要时采取相应措施。

近年常用体质指数（BMI）判断人体营养状况，BMI=体重（kg）/身高（m）^{2}。

BMI的正常参考值为18.5~22.9；23~29.9属超重；>30属肥胖；17~18.5为轻度慢性热能缺乏；16~16.9为中度慢性热能缺乏；<16为重度慢性热能缺乏（消瘦）。

（二）质的方面

主要是评价三种供能营养素的分配百分率是否合理。因为三大营养素除供能外，各自还有其他生理功用，故机体对蛋白质、碳水化合物、脂肪都有一定的需要量，合理供给才能保障健康。对于婴幼儿、少年、孕妇、运动员、哺乳期女性、卧床病人及病后恢复者更为重要。热能代谢与氮平衡关系非常密切，因为即使蛋白质摄取量充足，如果热能的摄入低于消耗，蛋白质供能所占的百分率过高，此时机体仍可能处于负氮平衡。

中国营养学工作者根据中国经济现实状况、饮食习惯以及膳食与健康调查的资料，提出了以下建议：脂肪供能应占总热能的20%~25%，碳水化合物占55%~65%，蛋白质占10%~14%。

四、能量消耗的测定

测量热能消耗的方法有直接测热法和间接测热法两类。

（一）直接测热法

测量物质氧化时所释放的热能，通常用弹式热量计。主要由两个中空的半球形金属球组成，球内有可以放电的电极并引出导线，球体泡在定量的水中。测量时将一定量的被测物如食物放在电极附近，并在球内充满纯氧（O_2），然后将金属球紧闭，导线通电使球内被测物完全燃烧，燃烧释放的热量通过传导使浸泡热量计的水温升高，由此可算出释放的热量。如葡萄糖在弹式热量计中的化学反应如下：

$$C_6H_{12}O_6 + 6O_2 \rightarrow 6CO_2 + 6H_2O + 热量$$

通过计算可得1mol（摩尔）葡萄糖（即180g）与6mol氧气反应，产生6mol的二氧化碳和6mol的水，并释放出673.2kcal（2817kJ）的热量，即每克葡萄糖燃烧可得到3.74kcal（15.6kJ）的热量。葡萄糖在体内氧化分解的结果与体外测试结果基本相同，同理可测得淀粉、蔗糖、脂肪的热量，蛋白质在体内最终还产生尿素，与体外氧化不完全相同，计算也较复杂。测量人和动物以辐射、传导、对流以及蒸发等方式所散发的全部热量，须有密闭隔热的实验室及高精度仪器，目前很少使用。

（二）间接测热法

1. 测耗氧法

因为氧气的消耗与体内产热呈正比，故可以测定单位时间内氧气的消耗量，此值乘以氧热当量即得单位时间的热量消耗，又称代谢率。假定混合膳食时氧热当量为20.3kJ/L，则代谢率M等于20.3乘以氧气的消耗量，即M=20.3×VO_2。因此法简便易行，故多采用。

2. 稳定性同位素法

用稳定性核素^2H和^{18}O标记$^2H_2^{18}O$，测体内二氧化碳产生量与水的清除率，可求得热能消耗率。此法虽安全，但仪器昂贵，目前很少使用。

3. 生活观察法

生活观察法是详细观察和登记受试者一天（24小时）中各种活动的内容及时间，然后将各项活动的热能消耗率乘以从事该活动所占用的时间；将24小时内各项活动的热能消耗量相加，得出某人一天的能量消耗。在此基础上再加上10%的食物特殊动力作用所消耗的热量，就是一天的热量需要量。采用观察法观察的天数越多，代表性越强、偏差越小。如某人一星期中休息2天、工作5天，就应将7天消耗的热能相加，再算出每天能量消耗的平均值。观察法简单易行，但要求受试者密切配合，各项活动须准确计时，否则会影响测试结果。

4. 体重平衡法

此法只适用于健康成年人。健康成年人机体有维持能量平衡的调节机制，使热能的摄入与消耗相适应，保持体重相对平衡。因此，精确地计算出一定时期（连续15天以上）所摄入的食物热量，并测定此时期始末的体重。根据体重的变化，按每克体重相当于33.48kJ热能计算，即可得出此时期的热量消耗。

经常测量体重是监测能量是否平衡的最简便的方法。如果体重恒定或相当于标准体重，说明这段时间内能量的摄入平衡，即摄入量和消耗量大致相等。一般来说，体重有所增加，则说明能量的摄入大于消耗，过剩的能量以脂肪的形式积累在体内。如在没有疾病的情况下体重减少，则说明能量的摄入长期低于消耗。因而只得动用体内脂肪来满足所需能量。参照世界卫生组织推荐的标准体重计算方法如下：

$$男性标准体重（kg）= [身高（cm）-80] \times 70\%$$
$$女性标准体重（kg）= [身高（cm）-70] \times 60\%$$

如实测体重在标准体重±10%之间，属正常；在±10%~20%之间，属过重或消瘦；如>±20%属肥胖或瘦弱。如某男子身高为170cm，他的标准体重为63kg。如他的体重在57~70kg之间是正常的，超出或低于这个范围都不算能量的摄入平衡。

5. 估计法

测定能量消耗最简便的方法是估计法。此法是根据受试者的劳动级别，查RDA得出其每日能量需要量。如某轻体力劳动成年男性，每日热能需要量为10.04MJ（2400kcal）等。

第三节 不同运动项目的供能及营养特点

众所周知，体育运动可促进健康、缓解身心压力、提高免疫力、调节情绪、增强体能。近年来，我国人民的生活水平显著提高，对健身及健康的需求不断增强。特别是在"健康中国""体育强国"大背景下，健身运动风起云涌。在诸多健身活动中，因运动及营养特点不同，对能量的需求也不同，不同的健身运动项目营养及能量需求特点如下。

一、健身走

行走是人的本能，在物质生活日益丰裕的今天，以车代步、以梯代步等现象使人们的行走活动日渐减少，各种慢性病悄然而至。为此，更多的人选择饭后散步或健身走，甚至参加各种健身走比赛。从运动特点来看，走是一种全身周期性运动，强度较小，不受场地器材限制，男女老少皆可参与。运动距离远近不同，能量消耗也不尽相同，但主要靠有氧氧化供能。因多为健身或饭后运动，故营养供给宜全面均衡。

二、跑步

与走相比，跑步，特别是健身跑正成为时下最流行的健身运动，可慢可快，强度随意控制。这里必须清楚，健身跑有别于竞技运动跑。跑可分为平地跑、斜坡跑、途中跑、倒跑、走跑交替等形式。依其距离远近不同，下面分别罗列不同距离跑的运动及营养特点。

（一）运动及供能特点

1. 短距离跑

通常情况，短距离跑包括60米、100米、200米、400米项目，是人体骨骼肌及内脏器官在大量缺氧条件下完成的"极限"强度的周期性运动。其特点是时间短、强度大，肌肉的活动达到最大强度。以无氧供能形式为主，主要能源物质为ATP、CP及肌糖原。其中，60米、100米是短距离跑的典型代表，主要靠ATP-CP系统供能，当运动时间超过10秒时，糖酵解供能比例逐渐增大，此时血乳酸水平也随之升高。其中，200米、400米跑的运动时间均超过10秒，强度递减，400m跑的强度仅次于100米、200米，运动时间为45~60秒，因磷酸原储量受限，主要靠糖酵解供能，在全程跑中要求运动员具有很好的速度耐力素质。

2. 中距离跑

中距离跑一般指介于800～3000米距离之间的运动。常包括男子800米、1500米、3000米跑和女子800米、1500米跑。要求既要具备短跑运动者的爆发速度，又要有良好的乳酸耐受能力。因中距离跑耗时较长，在运动初始阶段，无氧供能系统比较活跃，随着运动时间的延长，运动强度有所下降，有氧供能系统不断强化，而无氧供能系统不断弱化。总体上看，磷酸原、糖酵解、有氧氧化供能系统均有参与，只是不同项目中占比、参与时机不同而已。

3. 长距离跑

长距离跑一般指介于5000～10000米之间的运动。常包括男子5000米、10000米跑和女子3000米、5000米、10000米跑。属于低强度长时间运动，在运动的初始阶段，ATP-CP供能被启动，后因骨骼肌等脏器毛细血管开放程度及心输出量所限，无氧酵解供能系统介入，以弥补氧亏造成的有氧氧化供能缺乏。随后大多数时间，有氧氧化供能系统持续作用。可见，长距离跑以有氧氧化供能为主，无氧供能系统也有不同程度参与。

（二）营养特点

1. 短距离跑

短距离跑运动时间相对较短、强度大，以力量、速度素质为基础，爆发力要求高。60米、100米以CP供能为主，200米、400米以肌糖原供能为主。为提高肌肉质量，膳食中蛋白质供应宜丰富；还应有丰富的磷和糖类供应，以提高神经调控和突触传递效能。同时，增加膳食中钠、钙、铁及维生素B、维生素C、维生素E、磷酸肌酸的供给量。应多吃深色蔬菜和水果，增加碱储备。

2. 中、长距离跑

中、长距离跑以有氧耐力素质为基础，运动时间较长、体能消耗大，主要靠有氧代谢供能，对心肺功能及全身抗疲劳能力要求较高，故应给予足够的能量补充。膳食中，宜增加糖类物质供应及储备量，同时增供铁、钙、磷、钠及维生素B、维生素C、维生素E，蛋白质适量、脂肪摄入量适当增加。另外，因长时间运动，体温较高，水分流失较多，应保证充足的水摄入，以防中暑或脱水。

三、球类项目

球类活动在我国开展的比较普遍，常见的可作为健身运动的球类项目有篮球、排球、足球、羽毛球、乒乓球、网球等。这类项目均有一定对抗性，需要掌握相应的运动技术，运动强度不宜控制，需要有场地、设备、器材。一般体力较好，有一定锻炼基础的人，可选择这类项目。

球类项目能培养灵敏、速度、爆发力、耐力等素质和迅速的判断力。各项球类运动有许多基本动作，根据场上情况灵活运用。因此，必须全面掌握这些基本技能，灵活应用。通过球类运动锻炼，可使视觉、听觉、本体感觉、平衡感觉等得到提高。如视野扩大、眼球运动更加协调、关节运动更加灵活。

球类运动是一项无氧代谢与有氧代谢混合供能的运动，不同项目的无氧运动和有氧运动所占的比重不同。一般来说，篮球和足球能量消耗较大，排球、网球次之。

（一）供能特点

1. 篮球

篮球运动是一项非周期性的、复杂多变的、快速的、大强度的、攻守双方不断变换的运动。依其规则，进攻、防守、运球、传球、突破、投篮等环节都需要一定的速度。在此背景下，人体的摄氧量不能完全满足机体需要。根据ATP-CP系统的供能特点（不需氧、产能速度快、维持时间8～15秒），篮球运动中有相当一部分时间要靠ATP-CP系统供能，此外由有氧氧化系统及无氧酵解系统供能。有报道称，篮球运动中无氧代谢供能占90%，有氧代谢供能仅占10%。

2. 排球

排球运动是一项低、中强度耐力与大强度爆发力相结合的运动。耐力素质是决定排球比赛胜负的关键因素，主要募集慢肌纤维，靠肌糖原供能。但在扣球、拦网动作中，则要募集快肌纤维，靠磷酸原系统供能（95%），乳酸系统供能只占5%左右。由此可见，排球是一项以有氧能力为基调、以无氧能力为主体的特殊类型的运动，运动者除具备良好的爆发力、弹跳力外，还要有良好的无氧耐力。

3. 足球

足球运动是一项对抗激烈、运动量大、强度高、持续时间长、能量消耗大的现代运动。运动中，所需能量主要靠有氧代谢供给（约75%，走动和慢跑），而无氧代谢供能仅占约25%（起动、急停、急转、射门等）。可见，足球运动以有氧代谢供能为主，无氧代谢（磷酸原、糖酵解）供能贯穿整个运动始末。

4. 羽毛球

羽毛球运动是一项全身性运动，特点体现在：起动快、击球快、回位快、弹跳高，并要求运动者有较好的耐力素质和有氧氧化能力。运动中，扣球、救球、转向及经常出现的加速跑，基本由磷酸原供能系统提供能量。而在体力调整和恢复期、打四角球、打落点及吊打时，糖酵解供能系统和有氧氧化供能系统发挥了积极的作用。可见，三种供能系统相互影响、相互作用，共同完成了羽毛球运动中能量的供给。

5. 乒乓球

在我国，乒乓球堪称"国球"。无论农村、城市，乒乓球运动是一项老少皆宜的普及面很广的运动。大多情况下，由有氧代谢供能，而在击球瞬间，则由无氧代谢供能，且以ATP-CP供能为主。可见，乒乓球运动是一项无氧代谢与有氧代谢混合供能的运动。

（二）营养特点

1. 能量需求

据统计，进行篮球、排球、足球等运动时，约需能量：17580kJ/d或251±

21kJ/kg体重，进行乒乓球、羽毛球、网球等运动时，约需能量：14650kJ/d或230±21kJ/kg体重。

2. 合理的营养补充

球类运动对参与者的力量、速度、耐力、灵敏、柔韧等素质有较高的要求。同时，能量消耗量较高，应根据运动量的大小及时调整膳食量。膳食营养应该全面均衡，食物中要含丰富的蛋白质、糖类以及维生素B_1、维生素C、维生素E、维生素A。一般来讲，球的体积越小，对运动者的眼力要求越高，所以，食物中维生素A的含量应相对高一些。篮球、足球运动一般活动时间较长，且多在室外，矿物质、水分丢失较多，应及时补充。

篮球运动者膳食中糖类供能占比应相对高一些。篮球运动者每天约需能量230~251kJ/kg，需要补充糖类8.5~10g/d·kg、蛋白质1.0~1.2g/d·kg及少量的脂肪；矿物质：钾3~4g/d，钙1000~1500mg/d，铁20~25mg/d，锌20~25mg/d；维生素：维生素A 500~1800ug，维生素B_1 3~5 mg，维生素B_2 2~2.5 mg，维生素C 140mg，维生素E 30mg。此外，网球运动者因动作反应迅疾，尚需补充含镁的食物。

四、游泳

游泳是深受群众喜爱的健身运动项目，尤其适合体重较大，需要减肥的人。游泳时依靠水的浮力支撑体重，极大减轻了大体重者在陆地上锻炼时对下肢造成的负担。水的传导性比空气好，增加了能量的消耗，提高了减肥效果。因此，不少人将游泳视为终身体育锻炼项目。运动时，要确保已经掌握了游泳技术，且没有高血压、心脏病等禁忌症。

（一）基本代谢

游泳属周期性运动，由于其在水中进行，水有浮力，入水后人体漂浮，缺少支撑，除部分躯干肌保持紧张外，很少有静力性紧张动作。游泳时的能量消耗较大，多与下列因素有关。

①水的温度：水温越低，散热越多，能量消耗也越大。如人在水中停留4

分钟散发的热量，相当于在陆上1小时散发的热量。

②游泳的姿势：在相同速率下，不同的泳姿，能量消耗也不同。

③游泳的速度：能量的消耗与速度成正比，而水的阻力又与速度的平方成反比。

④游泳的时间：从时间来看，游完50米和100米只需30~60秒，主要靠CP和无氧酵解混合供能。

200米以上距离的游泳，均需氧气的参与，且主要靠糖酵解和有氧氧化系统混合供能。研究发现：50米距离的游泳中，无氧代谢占95%，有氧代谢占5%；100米距离的游泳中，无氧代谢占80%，有氧代谢占20%；200米距离的游泳中，无氧代谢占60%，有氧代谢占40%；400米距离的游泳中，无氧代谢占40%，有氧代谢占60%；1500米距离的游泳中，无氧代谢占30%，有氧代谢占70%。由此可见，随着游泳距离的增加，有氧供能的比例逐渐增加，而无氧供能的比例则逐渐减少。不同距离的游泳，其能量供应是不同的，体现在有氧与无氧代谢供能的占比上。

（二）营养特点

1. 能量需求

游泳由于在水中进行，水的密度和导热性与空气不同，水的阻力大、温度低，故游泳者在水中的散热量增加，热量消耗很大，冬泳更是如此。因此机体对能量的需求较大。

游泳（短距离）约需能量：17580kJ/d或251±21kJ/kg；

游泳（长距离）约需能量：19672kJ/d或≥272kJ/kg；

花样游泳约需能量：14650kJ/d或230±21kJ/kg。

2. 合理的营养补充

游泳运动须有一定的力量和速度，且能量消耗较大。因此，膳食中热能要求较高，在膳食中要含有丰富的蛋白质、糖类和适量的脂肪，增加含糖类高的食物（米、面等）及含蛋白质较高的鱼、禽类、牛肉等的供应。还需要一定的脂肪和维生素A，以利于保持体温和保护皮肤。还应摄入富含维生素B_2的奶蛋类和富含维生素C的蔬菜水果类和矿物质的食物，如碘、钙、铁、磷、氯化钠等。老年人在水温较低的水中冬泳时，出于抗寒冷的需要，可增加脂肪的摄入量，维生素的摄入以维生素B_1、维生素E、维生素C为主。矿物质增加碘的含量，以适应低温环境下甲状腺分泌增多的需要，增加含铁量多的食物的补充，如瘦肉、鸡蛋、猪肝、绿叶蔬菜等，以增加血液中氧的含量，维持机体耐力。

五、冰雪运动

冰雪运动是北方地区群众喜爱的体育运动项目。主要包括速滑、花样滑冰、冰球、越野滑雪等。

（一）基本代谢

速滑运动是周期性耐力项目，要求参加速滑运动者不仅具备一定的无氧代谢能力，还要有较高的有氧代谢水平，速度快、距离短的滑冰运动主要以无氧代谢供能为主，随着速度的减慢和距离的延长，有氧供能所占比例逐渐增加。滑冰中旋转、跳跃、滑行时，还要求运动者有良好的弹跳力、柔韧性和平衡能力。花样滑冰中，无氧代谢供能与有氧代谢供能兼而有之。冰球以有氧代谢供能为主，无氧代谢供能为辅，其对有氧运动能力的要求略低于速滑。滑雪运动能量消耗大，尤其是在野外滑雪，需要运动者有良好的心肺功能、有氧代谢能力和耐力。越野滑雪项目线路地段的性质和滑动摩擦运动的特点决定了运动强度和速度。即上坡地段强度最高（除了冲刺）、速度最慢；下坡地段强度最低、速度最快。因此，在比赛中随着地形的变化，有氧和无氧代谢交替进行，无氧代谢供能多集中在上坡地段。由此可见，"交替"和"集中"现象是越野滑雪项目的能量代谢特征。

（二）营养特点

冰雪运动因运动时间较长、周围环境温度较低，为维持体温，机体产热过程增加，因此蛋白质和脂肪消耗增多。膳食中应增供蛋白质和脂肪，以补充其消耗并维持体温。同时，增加糖类食物的供给，并适当摄入动物肝脏、蛋类、奶类、有色蔬菜和水果（如胡萝卜、南瓜、芒果等）。除正常摄入维生素外，宜增供维生素B及维生素A，使眼睛适应冰雪场地的白色环境。

六、棋牌类

棋牌类主要包括三棋一牌，即：中国象棋、围棋、国际象棋和桥牌。

（一）基本代谢

棋牌类是以脑力活动为主的项目，脑细胞的能源物质完全依赖血糖提供。当血糖降低时，脑耗氧量下降，工作能力随之降低，进而产生一系列不适症状，所以棋牌类项目对糖类有着特殊的需求。棋牌类的能量需要为：10045（8371～20090）kJ/d或188±21kJ/kg。

（二）营养特点

根据棋牌类项目的供能特点，膳食中宜增供含糖量较高的食物，可在下棋或打牌时随时补充一定量的含糖食物。此外，膳食中宜增加蛋白质和维生素B_1、维生素C、维生素E、维生素A的供给，并适宜增加卵磷脂、钙、磷、铁的摄入量，减少脂肪的摄入，以降低机体耗氧，保证脑组织的氧供应。

第二章 营养素

营养素是食物营养价值的直接体现，食物是营养素的有效载体。具体来讲，营养素是指食物中能为人体提供能量、参与新陈代谢的化学成分。研究表明，人体每日所需的营养素远超100种，其中一部分可由人体自身合成；另一部分则必须从食物中摄取，人体无法合成，这类营养素约有40余种，按照其生理功能和化学结构可分为六大类：蛋白质、糖类、脂类、维生素、无机盐（矿物质）和水。

第一节 蛋白质

蛋白质是生命的基础。它不仅是构成人体组织的基本材料，而且是机体合成多种具有特殊生理功能物质的原料，同时也是一种产能营养素。由于蛋白质与人体的生长发育及健康有着非常密切的关系，因此蛋白质的营养状况受到高度重视。本节从蛋白质的生理功能及代谢、营养价值评价、供给量、需要量及与运动的关系等几个方面展开叙述。

一、蛋白质的生理功能及代谢

（一）蛋白质的生理功能

1. 组织细胞的结构成分

人体的蛋白质含量仅次于水，约占体重的1/5。从表2-1可见，除脂肪与骨骼以外，其他组织的蛋白质的含量，比糖类和脂类都多，是构成各种组织的主要有机成分，这些蛋白质还有更为重要的生理意义，绝非糖类与脂类所能替代。

表2-1 成年人体化学组成成分（%）

器官组织	占体重比	水	蛋白质	脂类	糖类	矿物质类
肌肉	40	70	22	7	微量	1.0
骨骼	14	23	20	25	微量	26.0
血液	8	79	20	<1	微量	微量
皮肤	6	57	27	14	微量	0.6
神经	3	75	12	12	微量	微量
肝	2.5	71	22	3	微量	1.4
心	0.5	63	17	16	微量	0.6
脂肪	11	23	6	72	微量	微量
完整人体	100	59	18	18	微量	4

2. 具有特殊生理功能

如酶蛋白、激素蛋白、载脂蛋白、受体蛋白、组蛋白与非组蛋白、血红蛋白与肌红蛋白、癌蛋白与抑癌蛋白等，蛋白质还与体内许多重要物质的运输有关，如载脂蛋白运输脂类，运铁蛋白可运输铁，甲状腺素结合球蛋白可运输甲状腺素，还有许多直接调节细胞成熟与分裂，作用于生物大分子代谢的因子等正不断被发现和研究。

3. 供给热能

体内的蛋白质代谢非常活跃。虽然各种蛋白质更新时间长短不一，体重70kg的成人每天约有400g蛋白质更新。每克蛋白质彻底分解可释放4kcal热能，是三大产能营养素之一。然而，蛋白质在机体内的主要功能并非供给能量，但当碳水化合物和脂肪供能不足或摄入氨基酸过多，超过体内需要时，蛋白质参与供能活动。

4. 体内其他含氮物质的合成原料

嘧啶、嘌呤、肌酸、胆碱、肉碱、牛磺酸等体内重要的含氮化合物，都需要氨基酸做原料。

5. 其他

神经系统的功能与摄入蛋白质的质和量密切相关，它可明显地影响大脑皮层的兴奋和抑制过程。婴幼儿时期，若蛋白质供给不足，会使脑细胞数量减少，从而影响智力发育（特别是记忆过程），研究表明这与脑内蛋白质的合成有关。

（二）蛋白质的代谢更新

1. 一般代谢

蛋白质的代谢也就是氨基酸的代谢。其代谢概况见图2-1，氨基酸代谢可归纳为三条基本途径：①一部分存在于组织内的氨基酸，可再次被利用合成新的蛋白质；②一部分氨基酸进行分解代谢；③一部分氨基酸用于合成新的含氮化合物，包括非必需氨基酸。

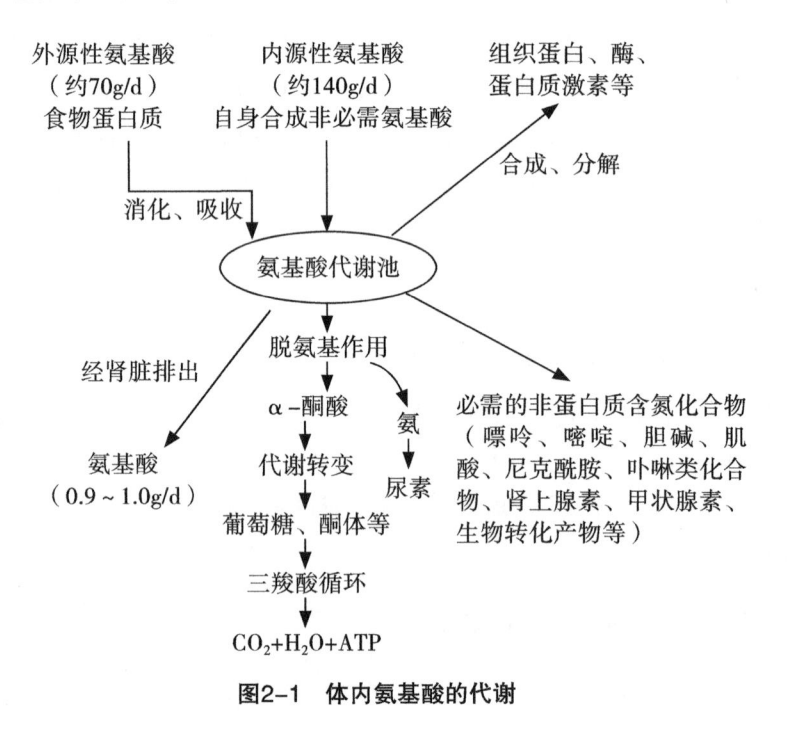

图2-1 体内氨基酸的代谢

上述三条途径的主次关系，受多种因素的影响。如年龄、营养状况等，尤其是营养状况往往起决定作用，例如膳食中必需氨基酸供给不足，热能供给不足，都可使第二条途径增强。

2. 必需氨基酸

营养学上将人体不能合成或合成速度远不能适应机体需要，必须从膳食中获取的氨基酸称为必需氨基酸。它们是赖氨酸、亮氨酸、异亮氨酸、甲硫氨酸、苯丙氨酸、苏氨酸、色氨酸、缬氨酸，婴幼儿尚需加上组氨酸。近年来，发现精氨酸氧化脱氨与一氧化氮合成有密切关系，一氧化氮参与体内多种生理生化功能的调节，故与牛磺酸一起被称为条件必需氨基酸。

3. 氮平衡

由于各种食物蛋白质的含氮量都接近16%，而且蛋白质是体内各种含氮物质的主要来源，因此通过测定摄入食物和排出物的含氮量，可以大体了解机体对摄入蛋白质利用的情况。氮平衡（B）可以反映体内组织蛋白分解代谢与合成代谢的动态平衡状况。公式如下：

$$B=I-(U+F+S+M)$$

公式中B表示氮平衡状况；I表示食物摄入氮；U表示尿氮；F表示粪氮；S表示皮肤氮；M表示其他排出氮。

氮的总平衡：摄入氮等于排出氮，见于成年人。

氮的正平衡：摄入氮大于排出氮，见于儿童生长发育时期、病后恢复期等。

氮的负平衡：摄入氮小于排出氮，见于衰老、消耗性疾病时。

当热能供给不足、活动量过大、蛋白质的摄入量过低时，以及精神紧张都可促使氮平衡趋向负平衡。有研究显示，成年人在无蛋白膳食条件下，每天排出内源氮54mg/kg，以60kg体重计算，约相当于20g蛋白质，这是体内蛋白质的最低分解量。

二、蛋白质的食物来源及膳食蛋白质的质量评价

（一）蛋白质的食物来源

人体从日常食物中得到蛋白质，其中动物性食物的蛋白质含量高于植物性食物，而且动物蛋白质的利用率也较高。绝大多数动物蛋白质的必需氨基酸的种类齐全，含量及模式与人体蛋白质较接近，通常将这种蛋白质称为优质蛋白质，也称完全蛋白。植物蛋白质中的大豆蛋白质也属优质蛋白质，是我国广大居民重要的膳食蛋白质来源。猪肉含蛋白质15%~20%，牛肉与羊肉含脂肪少些，故蛋白质相对含量高于猪肉，鸡、鸭、鱼的蛋白质含量都在20%左右。从经济上计算，发展禽类生产与鱼虾养殖业，对改善居民蛋白质供给更有利。此外，少吃猪肉可减少脂肪摄入，符合营养要求。

（二）膳食蛋白质的质量评价

膳食蛋白质的质量，实质上就是对人体的营养价值。主要取决于该蛋白质的必需氨基酸组成模式及含量，是否易于消化吸收以及促进机体生长发育、维持健康的效率。理论上，越是少量的蛋白质就可以满足机体氮平衡的需要，其质量越好，但由于人体与动物实验均受到多种因素的影响，且已有方法难免有局限性，动物的实验结果用于人体更存在误差。这里介绍几种具体的评价方法。

1. 氨基酸评分（amino acid score，AAS）

氨基酸评分也称化学评分（chemical score）。一种膳食蛋白质所含的必需氨基酸量不足或缺失，则人体用以合成体内含氮物质的效率就会降低。因此可以按照人体必需氨基酸的比例模式来衡量待评价的膳食蛋白质的质量。FAO、WHO（1973）根据学龄前儿童最低需要量制定了理想必需氨基酸模式，作为参考蛋白质的必需氨基酸模式（表2-2）。

表2-2 参考蛋白质氨基酸组成模式

氨基酸	组成模式	
	蛋白质（mg/g）	氮（mg/g）
亮氨酸	70	440
异亮氨酸	40	250
赖氨酸	55	340
甲硫氨酸+胱氨酸	35	220
苯丙氨酸+酪氨酸	60	380
苏氨酸	40	250
色氨酸	10	60
缬氨酸	50	310
总计	360	2250

首先分析待评蛋白的各种必需氨基酸含量，然后分别与参考蛋白的同一种氨基酸的含量作比较，求出比值。比值最低的为第一限制氨基酸，该比值即为待评蛋白质的氨基酸评分。

一般膳食蛋白的AAS越高，其营养价值也越高。日常膳食蛋白中容易缺乏的必需氨基酸是赖氨酸、苏氨酸、含硫氨基酸和色氨酸，因此氨基酸评分中应用较多。例如，小麦蛋白含赖氨酸24.4mg/g，苏氨酸30mg/g；参考蛋白含赖氨酸55mg/g，苏氨酸40mg/g，经计算求得赖氨酸比值为44、苏氨酸比值为75。因此小麦蛋白的第一限制氨基酸是赖氨酸，它的氨基酸评分是44。通过氨基酸评分，可知各种膳食蛋白缺少何种氨基酸，富含何种氨基酸，从而设计出能更好发挥蛋白质互补作用的混合食品或菜谱。

表2-3列出各种膳食蛋白的氨基酸评分，经一定比例的混合后，虽然仍有限制氨基酸，但混合蛋白的氨基酸评分有了明显提高。

表2-3 几种膳食蛋白质的氨基酸评分

蛋白质来源	每克蛋白质氨基酸来源（mg）				氨基酸评分
	赖氨酸	含硫氨基酸	苏氨酸	色氨酸	（限制氨基酸）
理想模式	55	35	40	10	100
稻谷	24	38	30	11	44（赖氨酸）

（续表）

蛋白质来源	每克蛋白质氨基酸来源（mg）				氨基酸评分
	赖氨酸	含硫氨基酸	苏氨酸	色氨酸	（限制氨基酸）
豆类	72	24	42	14	68（含硫氨基酸）
奶粉	80	24	37	13	83（含硫氨基酸）
混合蛋白	51	32	35	12	88（苏氨酸）

注：混合蛋白表示含谷77%、豆22%、奶11%。

值得注意的是，上述理想模式是根据学龄前儿童的最低需要量制定的，因此适用于儿童对膳食蛋白利用率的评价。因为成年人对必需氨基酸的需要量较低，1985年，FAO、WHO、UNU专家委员会提出另一种氨基酸评分计算方法，即根据不同年龄对必需氨基酸需要量的不同，以婴儿、儿童及成年人的需要量理想模式，求出待评蛋白对各年龄人群的氨基酸评分。

2. 蛋白质的消化率（digestibility，D）

消化吸收是膳食蛋白被机体利用的先决条件。消化率以吸收氮量与摄入氮量的比值表示：D=吸收氮/摄入氮×100%。

吸收氮须以摄入氮减去粪氮求得。但粪氮并不等于未吸收的氮，其中包括消化道脱落上皮细胞、消化液以及微生物等所含的氮，称粪代谢氮。因此消化率又有表观消化率（apparent digestibility，AD）与真实消化率（true digestibility，TD）之分。前者的计算中将粪代谢氮忽略不计。公式如下：

AD=（摄入氮-粪氮）/摄入氮×100%；
TD=[摄入氮-（粪氮-粪代谢氮）]/摄入氮×100%

通常表观消化率易于测定，其数值比真实消化率低，应用时安全系数大，故较多采用。食物蛋白质的固有性质及膳食纤维含量等均可影响消化率（表2-4）。

表2-4　一些食物蛋白质的消化率（%）

食物来源	真实蛋白质消化率	
	儿童	成人
鸡蛋	92、97	97

（续表）

食物来源	真实蛋白质消化率	
	儿童	成人
牛奶	93、97、90	97
玉米	62	78
大米（磨）	85	84
全麦	-	79
精面	93	89
大豆	-	78

3. 蛋白质的生物价值（biological value，BV）

蛋白质的生物价值以保留氮与吸收氮的比值表示，反映吸收的氮被机体实际利用的多少，公式如下：

$$BV=保留氮/吸收氮 \times 100\%$$

$$BV=[摄入氮-（粪氮-粪代谢氮）-（尿氮-尿内源氮）]/[摄入氮-（粪氮-粪代谢氮）]$$

测定时以待评蛋白作为唯一的氮来源喂养动物，另设对照组摄入无氮的饲料，测定其粪代谢氮及尿内源氮。用上述公式求出生物价值。一般以刚断奶的大鼠作为实验动物，饲料中含待评蛋白10%，几种食物蛋白的生物价值见表2-5。

表2-5 几种食物蛋白质的生物价值

食物	生物价值	食物	生物价值	食物	生物价值
大米	77	土豆	67	全鸡蛋	94
小麦	67	大豆	64	牛肉	76
面粉	52	蚕豆	53	猪肉	74
甘薯	72	花生	59	虾	77
玉米	60	白果	76	牛奶	85

4. 蛋白质的净利用率（net protein utilization，NPU）

蛋白质的净利用率是指摄入的蛋白质被机体储留利用的情况。计算公式如下：

$$NPU = 生物价值 \times 消化率 = 保留氮/吸收氮 \times 吸收氮/摄入氮$$

即：NPU=［摄入氮－（粪氮－粪代谢氮）－（尿氮－尿内源氮）］/摄入氮

测定用动物以及其他条件与生物价值测定相同。

5. 蛋白质的功效比值（protein efficiency ratio，PER）

蛋白质的功效比值是指单位重量摄入蛋白质后增加体重的数值。公式如下：

$$PER = 动物增加体重（g）/摄入蛋白质（g）$$

以断奶雄性大鼠为实验动物，以含10%待评蛋白的饲料喂养10天，对照组以含10%酪蛋白的饲料喂养，计算出单位重量摄入蛋白的体重增加数即为PER。因摄入蛋白质的量未考虑动物维持机体生理活动所需的部分，故所得结果存在一定误差，需要校正。假设酪蛋白的功效比是2.5（作参考内标），这样上式可改为：

$$校正的PER = PER \times 2.5/实测的酪蛋白PER$$

6. 相对蛋白质价值（relative protein value，RPV）

相对蛋白质价值是动物摄入待评蛋白的剂量生长曲线斜率（A）和摄入参考蛋白的剂量生长曲线斜率（B）之比，公式如下：

$$RPV = A/B \times 100\%$$

分别用待评蛋白、参考蛋白（常用乳白蛋白）喂养断奶大鼠，分别绘制出剂量生长曲线，求出回归方程及斜率，算得RPV。待评蛋白的斜率越大，则RPV越大，该蛋白质利用价值越高。

三、蛋白质的需要量与供给量

蛋白质需要量是维持生理功能与健康所必需的最低量。供给量是能满足人群中绝大多数人需要的摄取量。

（一）需要量与供给量的确定

先用要因加算法或氮平衡法得出需要量，再求得供给量。要因加算法测定需要量的基本原理为人在进食无蛋白膳食条件下所丢失的氮是内源氮，为维持健康，必须给与补偿，从补偿的量计算出蛋白质的需要量。平均必需丢失氮加上两个标准差可以得出满足97.5%人群的供给量。供给量相当于推荐摄入量（RNI）。氮平衡法则是在控制膳食中不同量蛋白质的条件下，求出维持氮平衡所需的蛋白质摄入量，作为机体的蛋白质需要量。

蛋白质供给量在重体力劳动、精神紧张、应激等情况下应适当增加。婴幼儿和儿童相对需要量比成年人高。各国根据FAO和WHO的推荐，结合本国的经济、膳食特点，都相应制定了自己的推荐摄入量。中国营养学会在2000年制订的推荐摄入量见表2-6。

表2-6　中国居民膳食蛋白质推荐摄入量（RNI）

年龄（岁）	RNI（g/d） 男	RNI（g/d） 女	年龄（岁）	RNI（g/d） 男	RNI（g/d） 女
1	35	35	10~	70	65
2	40	40	11~	75	75
3	45	45	14~	85	80
4	50	50	18~	—	—
5	55	55	轻体力劳动	75	65
6	55	55	中体力劳动	80	70
7	60	60	重体力劳动	90	80
8	65	65	60~	75	65

（二）必需氨基酸的需要量与模式

氨基酸需要量模式是指每克蛋白质中含有各种必需氨基酸的毫克数，为方便起见，人们将其中含量最少的色氨酸作为1，再由此计算出其他必需氨基酸的相应比值。人体需要蛋白质实质上需要的是氨基酸，尤其是必需氨基酸。人体对蛋白质和必需氨基酸的需要量［按体重（kg）计算］，都随年龄增长而减少，必需氨基酸的降低更明显（表2-7），从必需氨基酸的需要量占蛋白质需要量的比值，可得婴儿为43%，儿童为36%，成人为19%~20%。除了量还有各种必需氨基酸的比例（又称模式）要求，所以人体对摄入蛋白质中的各种必需氨基酸的需要有一定的数量和比例要求。FAO与WHO提出的人体必需氨基酸的需要量估计及氨基酸需要量模式（pattern）见表2-7。

表2-7 世界卫生组织推荐膳食中必需氨基酸需要量 [mg/（kg·d）]

氨基酸	婴儿	2岁婴儿	10~12岁儿童	成人
异亮氨酸	70	31	30	10
亮氨酸	161	73	45	14
赖氨酸	103	64	60	12
甲硫氨酸	58	27	27	13
苯丙氨酸	125	69	27	14
苏氨酸	87	37	35	7
色氨酸	17	12.5	4	3.5
缬氨酸	93	38	33	10
组氨酸	28	-	8~12	-
总计	714	351.5	261	83.5

鸡蛋和人乳的氨基酸构成很接近人体需要量，故在实验中常以它们的氨基酸构成代替人体对氨基酸需要量的构成，故常将这类蛋白质称为参考蛋白质（reference protein）。如果一种蛋白质或膳食中混合蛋白质的必需氨基酸含量达到或接近模式的数值，并按蛋白质安全摄入量进食，所有氨基酸均能被充分

利用。某种蛋白质中某一种或几种必需氨基酸缺乏或不足时，则使合成组织蛋白受到限制，这一种或几种氨基酸称为限制氨基酸（limiting amino acid），可按缺乏严重程度依次为第1限制氨基酸、第2限制氨基酸和第3限制氨基酸等。

各种食物蛋白质所含的氨基酸种类和数量不同，其营养价值也不同，据此可简单地将蛋白质分为完全蛋白质和不完全蛋白质。前者指所含必需氨基酸的种类齐全、比例适当，营养价值较高的蛋白质，如奶类、蛋类、鱼类、肉类和大豆等食物中的蛋白质；后者指所含必需氨基酸种类不全，营养价值较低的蛋白质，如大米、面粉、粗粮等植物性食物中的蛋白质。

（三）蛋白质的互补作用

几种膳食蛋白质混合食用，可使所含的氨基酸互相补充，特别是通过必需氨基酸的取长补短，有可能使模式趋向合理，有利于机体的充分利用。中国菜讲究多种搭配，对发挥蛋白质的互补作用是有利的。

（四）运动员对蛋白质的需要量

对运动员来讲，食物中蛋白质的需要量随年龄、性别、运动项目、运动量和身体状况的不同而异。苏联学者研究表明，长时间中等强度运动每日蛋白质需要量为2.5～3.0g/kg，速度和力量项目的运动员每日蛋白质需要量为2.4～2.5g/kg。日本学者研究认为，运动员每日蛋白质需要量为2g/kg。而英国和美国学者认为每日蛋白质需要量为1.0～1.4g/kg。可见，运动员对蛋白质的需要量各国不尽相同。在运动员膳食中，不仅要注意蛋白质的数量，还要注意蛋白质的质量，应多供给优质蛋白质（必需氨基酸种类齐全、比例合理的蛋白质）。大豆是最理想的优质蛋白质食物，其氨基酸含量丰富、质量好、价格便宜，如加工成豆腐、豆浆、豆腐干等食物，更可增进食欲，增加蛋白质的来源。

众所周知，力量型运动的成功与否，在很大程度上取决于肌肉的体积。经常从事力量性练习的运动员，其适应性变化表现为肌肉增粗，主要源于肌肉中收缩蛋白质数量的增多。肌肉蛋白质数量上的增加有赖于蛋白质合成加快或其分解速度减慢。由于蛋白质对运动能力的影响效果明显，不少国家在运动员膳食中普遍提高蛋白质类食物供给。

有研究显示，运动员在大运动量训练时，尿氮排出量增加，并出现负氮平衡，血红蛋白含量下降，而血液中非蛋白氮含量增加。在剧烈运动时，皮肤出汗还会丢失大量汗氮，组织蛋白的更新及运动中损伤组织的修复亦需要蛋白质。因此，运动员对蛋白质的需要量较一般人高。20世纪60年代初，日本运动员为了在东京奥运会上创造优异成绩、夺取金牌，在膳食中要求每位运动员每天吃300g以上的牛排。把摄取高蛋白质作为夺取金牌的有力武器。特别在爆发型和力量型项目中，肌肉生理横断面增大、肌纤维增粗、肌红蛋白、血红蛋白、酶和蛋白类激素的合成，都需要蛋白质的补充。

四、蛋白质营养状况的评价

（一）蛋白质营养状况

蛋白质营养状况的评价主要有以下两个方面。

1. 临床检查

除体格检查常用的指标如身高、体重、发育外，还应检查上臂肌围（arm muscle circumference，AMC）和上臂肌区（arm muscle area，AMA）。这是评价总体蛋白质储存的较可靠的指标。方法是测量受试者上臂中点的围长（AC）和肱三头肌部的皮褶（TSF），然后依下式计算：

$$AMC（mm）=AC（mm）-3.14 \times TSF（mm）$$
$$AMA=[AC（mm）-3.14 \times TSF（mm）]/4 \times 3.14$$

中国人标准上臂肌围（男）：AMC≥237mm为正常，＜237mm为缺乏；上臂肌区：AMA≥4490mm为正常，＜4490mm为缺乏。

2. 实验室检查

测定血清白蛋白、运铁蛋白、前白蛋白、视黄醇结合蛋白等；测定尿3-甲基组氨酸，营养不良时排出量减少；检查头发的毛干与毛根的形态改变。

（二）蛋白质营养失调

蛋白质营养失调包括营养不良和营养过剩两种情况。

1. 蛋白质营养不良

蛋白质营养不良常与热能供给不足同时存在，故称蛋白质—热能营养不良（protein energy malnutrition，PEM）。原发性蛋白质营养不良的主要原因有：食物缺乏，如灾荒或战争年代；摄入不足，如偏食、限食、素食；需要量增加，如妊娠、授乳、生长发育期等。继发性蛋白质营养不良多源于疾病损失血液、渗出过多、或食欲差、或消化吸收障碍等。发生于婴幼儿、少儿阶段，可导致生长发育滞后，孕妇则体重增加缓慢。患者易感染、精神萎靡，严重的患者可全身浮肿或严重消瘦，伴有多种生理功能紊乱，甚至危及生命。通过体格检查、病史、生化检验及膳食调查不难诊断。

目前在中国边远贫困地区，预防蛋白质营养不良仍是应该重视的问题。主要通过综合措施加以改善：①发展农业和食品生产，供应优质食物与蛋白质；②制定适当的摄入量标准，并大力开展营养知识科普宣教；③基层卫生单位在开展宣教基础上，做好具体指导、病员营养管理等工作。

2. 蛋白质营养过剩

随着中国经济发展，居民生活水平显著提高，动物性食物的消耗量显著增加。大多数人的蛋白质摄入量可以达到推荐摄入量标准。目前，应当重视部分儿童、青少年存在动物性食物进食过多的问题，导致蛋白质和脂肪摄入增多，使少儿中超重、肥胖者比例逐年增高。

摄入过多蛋白质对身体有害。大量蛋白质在肠道由细菌引起腐败过程中，产生大量胺类，对机体不利；大量蛋白质在体内代谢过程中增加肝、肾负担；还会增加食物特殊动力作用，使机体增加额外的热能消耗。此外，摄入过多蛋白质还会使其生物价值下降。动物实验表明，膳食中蛋白质含量过高（占热能26%），其寿命缩短，一般以占热能的14%为最佳。

五、蛋白质代谢与运动的关系

不同的运动项目蛋白质代谢的速度和途径不尽相同。概括而言，在运动过程中，蛋白质可进行下列几种反应。

（一）蛋白质合成或分解

研究表明，一次赛跑或游泳可使肝脏和肌肉中的蛋白质合成减慢，其减慢程度与运动强度和持续时间成正比。动物实验结果显示，运动性疲劳大鼠肌蛋白的合成速度比对照组降低70%。运动对蛋白质分解作用的影响，文献结果多不一致。有研究表明，肌肉和肝脏中蛋白质的分解利用效率在耐力运动时加强，这些变化还有待进一步证实。

（二）氨基酸的氧化

有研究认为，耐力运动时亮氨酸的氧化作用增强（氧化速度与运动强度成正比，在最大吸氧量时氧化速度比安静时快5~6倍），但运动是否增强所有氨基酸的氧化作用，仍有待进一步证明。某些氨基酸的中间代谢过程中，可产生三羧酸循环的代谢产物，对运动时肌肉代谢有良好的作用。它可以提高三羧酸循环中葡萄糖和游离脂肪酸生成的乙酰辅酶A的氧化能力；且这些氨基酸的代谢产物还可通过磷酸烯醇式丙酮酸羟激酶和丙酮酸激酶的作用转变为丙酮酸盐，丙酮酸盐生成增多可导致运动时氨基酸氧化作用增强。

（三）糖异生

糖异生过程是利用氨基酸的一个潜在重要途径。它有利于补充葡萄糖，从而防止运动时低血糖症的发生。耐力运动时，通过氧化和糖异生作用，氨基酸的利用率提高。可见，运动时氨基酸的糖异生作用是加强的。有研究表明，运动中内脏对糖异生前体物质的吸收能力增强，且与运动的强度和持续时间成正比。

第二节 糖类

糖类在自然界分布很广，储量丰富，是最经济的营养素，也是人类最重要的能量来源，它是由碳、氢、氧三种元素组成的有机化合物，可用实验式$C_n(H_2O)_m$来表示。糖类物质是一类多羟基醛或多羟基酮的聚合物。根据其分子结构的不同，可将其分为单糖（monosaccharide）、低聚糖（oligosaccharide）和多糖（polysaccharide）三类，在日常膳食中最重要的糖类是淀粉（starch）。膳食中的糖类可根据功能分为两类：一类是可以被人体消化吸收和利用的糖类，即可利用的糖类；另一类是人体不能消化吸收但对人体有益的膳食纤维，即不可利用的糖类。前者是人体的必需营养素，后者是人体膳食的必需成分。两类糖对人体健康都有重要意义。

一、可利用的糖类

（一）分类

（1）单糖
①戊糖（五碳糖）：木糖、阿拉伯糖、核糖；②己糖（六碳糖）：葡萄糖、果糖、半乳糖、甘露糖。

（2）低聚糖（由2~10个单糖连接而成）
①二糖：蔗糖、乳糖、麦芽糖、纤维二糖、蜜二糖；②三糖：棉籽糖、龙胆三糖、松三糖；③四糖：水苏糖。

（3）多糖（10个糖单位以上）
①同质多糖：由同一糖单位组成，糖原、淀粉、纤维素、木聚糖、甘露聚糖等；②杂聚多糖：由不同糖单位组成，半纤维素、果胶、粘多糖、透明质酸等。

（二）生理功能

1. 供给能量

在日常膳食中，碳水化合物是人体热能最主要和最经济的来源，人体每日膳食中热能供给量的60%~70%来自糖类，每克糖在人体内氧化可以产生16.7kJ（4kcal）的热能。糖类所提供的能量几乎能为所有的组织利用，特别对于骨骼肌、心肌和大脑组织更为重要。糖类在供能上有许多优点，比脂肪和蛋白质易消化吸收、产热快、耗氧少，且在无氧的情况下也可分解供能，这对于大强度的运动十分有利。

2. 构成细胞的组成成分

糖类存在于一切细胞中，占2%~10%。如构成细胞膜的糖蛋白，构成神经组织和细胞膜的糖脂（glycolipid），构成结缔组织的黏蛋白。此外，还是核糖核酸（ribonucleic acid，RNA）和脱氧核糖核酸（deoxyribonucleic acid，DNA）的主要构成成分。

3. 节省蛋白质作用

糖类有利于机体的氮储留。膳食蛋白质以氨基酸的形式被吸收，并在体内合成组织蛋白质或其他代谢物，这些过程均需要能量。如摄入蛋白质并同时摄入糖类，可增加ATP形成，有利于氨基酸的活化及蛋白质合成，使氮在体内储留量增加，这种作用称为糖类节省蛋白质作用。因此，膳食供给充足的糖类就可以节省蛋白质作为能源的消耗。

4. 抗生酮作用

脂肪在体内代谢所产生的乙酰基必须与草酰乙酸结合，然后进入三羧酸循环中才能被彻底氧化，草酰乙酸的形成是葡萄糖在体内氧化的结果，当糖类供给不足时，脂肪则氧化不完全，可产生过量酮体，甚至引起酸中毒。所以，糖类具有抗生酮作用。

5. 解毒保肝作用

肝脏中肝糖原储备较充足时，生成的葡萄糖醛酸对由某些化学毒物（如四氯化碳、酒精、砷）及各种致病微生物感染引起的毒血症有较强的解毒能力。因此，保证糖的供给，保持肝脏中含有充足的糖原（glycogen），在一定程度上可保护肝脏免受有害因素的损害，并可保持肝脏的正常解毒功能。

（三）代谢途径

糖是体内的主要能源物质。它分解供能的代谢可分为无氧酵解和有氧氧化两个系统，具体代谢过程有以下几种途径。

1. 无氧酵解

主要在胞浆进行。全过程在无氧情况下发生，代谢终产物是乳酸。酵解时，1分子葡萄糖可产生2分子ATP。当供氧充足时，反应的终产物乳酸可经丙酮酸进入三羧酸循环完全氧化。

2. 有氧氧化

反应过程前半段经过酵解途径，后丙酮酸脱羧成乙酰辅酶A进入三羧酸循环。三羧酸循环是在线粒体中进行。中间产物经呼吸链传递能量生成ATP，1分子葡萄糖经有氧氧化彻底分解能生成36或38分子ATP。

3. 糖异生作用

某些氨基酸、甘油、乳酸可逆行糖酵解过程，并绕过一些不可逆反应而合成葡萄糖，该过程称为糖的异生作用。由于缺乏糖异生作用的关键酶——葡萄糖磷酸酶，因而肌肉中的乳酸必须转运到肝脏才能完成糖异生过程。

4. 磷酸戊糖途径（磷酸己糖旁路）

这是葡萄糖的另一需氧的代谢途径。反应过程中生成的磷酸核糖是合成核酸的必要原料，反应中生成的还原性辅酶Ⅱ（$NADPH+H^+$）为各种生物合成代谢提供需要的氢。

另外，糖类物质的代谢还受到摄氧量、中间产物和神经体液等各种因素的调节。糖的氧化过程，还需多种维生素和金属离子作为辅助因子，如维生素B_1、维生素B_2、维生素PP以及亚铁离子、镁离子、二价锰等。当这些物质严重缺乏时，可造成糖代谢障碍。

（四）供给量及食物来源

1. 供给量

糖的供给量尚无正式规定，一般认为应占总热能的60%～70%为宜，也可根据饮食习惯和生活水平，在保证能量平衡的前提下做适当调整。但每人每天最少需要摄入可消化的糖50～100g，否则会引起脂肪和组织蛋白分解过多，出现相应症状。

2. 食物来源

糖类食物广泛分布于自然界，人类所需要糖的食物来源是多方面的，主要来自植物性食物，动物性食物中含量很少。按食物来源大致可分为以下几类。

①谷类和根茎类食物：如各种粮食、豆类和薯类，其中含有大量淀粉和少量单糖或双糖。

②各种食糖：如蔗糖和麦芽糖等。

③蔬菜和水果：除少量单糖外，还含纤维素和果胶。

上述各种可以供给糖的食品中，应尽量以粮食和薯类为主要来源，同时为了得到一定数量的纤维素，还应多吃蔬菜水果，少吃蔗糖。因为粮食和薯类除含有大量淀粉外，还含蛋白质、纤维素和无机盐等，而食糖除供能外，基本上不含其他营养素，且蔗糖对食物中枢有抑制作用，过多食用会抑制食欲。日本近年的调查显示，冠心病的发病率上升与精制蔗糖消费量逐年增加有关；另外，机体贮备糖能力较小，一般约为300g，摄入过多食糖，则可转化成脂肪，引起肥胖。因此，膳食中应减少蔗糖用量，尤其是高血脂症、冠心病、糖尿病患者，更应控制蔗糖的摄入量。

（五）糖的摄取与运动

糖是剧烈运动时主要的供能物质，对长时间运动尤为重要。糖比脂肪、蛋白质更易消化吸收、易氧化、产能快。此外，糖类食物还可以提供氨基酸、矿物质和维生素。

1. 糖原储备和运动能力

人体内的糖主要贮存在肌肉（肌糖原）、肝脏（肝糖原）和血液（血糖）中。安静时，正常人体内血糖含量是相对恒定的，但肌糖原和肝糖原的含量有较大的变动。现已证明，肌糖原和肝糖原的储备量与耐力运动密切相关，而且是决定耐力运动能力的重要因素之一。Goyle等人研究发现，长时间运动时，摄入糖类食物可推迟运动性疲劳的发生，并增加耐力。由于摄入糖类食物，运动员在运动后期做冲刺时，运动持续时间明显延长。其原因：①由于机体对糖原的利用率增加，这样必然导致乳酸和能量释放的增加；②由于摄入糖类食物改变了运动员在运动后期冲刺阶段对疲劳感觉的敏感性。Gollnjck的研究证实，在进行极限下强度运动时，慢肌纤维（ST）首先失去糖原，如果继续运动，则快肌纤维（FT）才失去糖原。如果不摄入糖类食物，则运动员在运动后期主要依靠储存在快肌（FT）中的糖原来供能，由于在最后冲刺前，快肌（FT）中糖原贮量已经很低了，肌肉收缩力和运动能力下降。据研究，在持续1小时或1小时以上的运动中（如马拉松跑、长距离游泳、自行车和滑雪等），由于肌糖原、肝糖原的耗竭和低血糖均会明显影响运动能力，使运动员感到疲劳。

2. 运动中能量和糖的补充

糖是运动中的主要燃料，在竞技运动或训练中，可以增加每人每日能量消耗的25%～50%。如长跑运动员在训练期间每日消耗900～2400kcal能量，自行车运动员平均每日约消耗6000kcal能量，自由泳运动员每公里耗能250kcal，在一次训练课中耗能1250～3700kcal。在训练或比赛时，大部分能量来源于肌糖原和肝糖原。在1小时或更长时间的运动中，糖供能比值从50%可增加到90%。例如，一个体重为65kg的运动员在训练中耗能2000kcal，需消耗250～450g糖，外加每日正常生活需要的300～350g糖，一个运动员每天将消耗550～800g糖。

因长时间耐力运动或比赛中体内要消耗大量肌糖原和肝糖原，故在运动前和运动后补充适量的糖是有好处的，既可预防低血糖发生，使血糖维持在较高水平上，延缓疲劳的产生，也可保持良好的耐力和冲刺能力。目前，已有不少关于补糖数量和时间的相关研究。

(1) 补糖的数量

研究表明，在赛前补充糖时，每千克体重约补充1g糖为宜，一次补糖的总量应控制在60g之内。如补糖量达到2g/kg，一次补糖总量>96g时，约有半数运动员在补糖后15~30分钟内，出现胃部不舒服症状，并伴有头晕、恶心等副作用。人体在运动时胃吸收葡萄糖的能力是有限的，每小时约50g，大量葡萄糖滞留在胃里，有一定的吸水作用，影响胃的排空，容易引起胃疼，将对运动产生不良影响。

(2) 补糖的时间

据研究，在服糖后15~30分钟内血糖达到峰值。为了避免服糖后的胰岛素反应，不宜在赛前30~90分钟内吃糖，以免血糖下降；应在赛前15分钟或赛前2小时补糖，这时血糖升高，补糖效果最佳，因为葡萄糖在运动开始前即已完成了肝糖原的合成过程，而在运动开始时即可分解为葡萄糖释放入血，使血糖含量升高，有利于提高运动员的运动能力。

(3) 最佳糖原充填法

传统的糖原充填法包括耗空与充填两个阶段，在赛前一周内进行力竭性训练使肌糖原耗空，接着3天让运动员食用低糖膳食并辅以中等强度训练。随后3天完全休息，并食用高糖膳食。尽管这种方法也能增加糖原储存，但是许多运动员却产生了低血糖症、恶心、疲劳、头昏和过敏反应等副作用。为减少副作用，近年研究出一种新的糖原充填法，即删去耗空阶段的低糖膳食，并用含50%糖类的正常混合膳食代替；赛前一周逐渐减少练习，比赛前3天糖类增加到总量的70%。具体方法见表2-8。

表2-8　赛前减量日程安排表

	第6天	第5天	第4天	第3天	第2天	第1天	比赛
运动强度（分钟）	90	40	40	20	20	休息	
补糖量（%糖类）	50	50	50	70	70	70	

新的糖原充填法的优点：①因删去了力竭性练习，改用逐渐减量，故运动员受到伤害的可能性极小；②因没有糖类耗空阶段，故在生理和心理上不会产生副作用；③与旧方法相比，新的糖原充填法更易使肌糖原达到饱和状态。

二、不可利用的糖类——膳食纤维

膳食纤维是指食物中不能被消化利用的纤维性物质,主要来自植物性食物,多数是植物的支撑物和细胞壁。研究发现,西方工业化国家的城市居民的大肠癌、肠激惹症、肠憩室病等疾病的发病率高,与膳食中纤维量过少有关。因此,膳食纤维与人体健康的关系受到营养学界的高度重视。

(一)膳食纤维的种类

膳食纤维主要包括淀粉以外的多糖。它们是:

①纤维素:是由许多个葡萄糖以β1→4苷键呈线性聚合而成的。还有β-葡聚糖,其中的葡萄糖除了β1→4苷键外,尚有β1→3苷键,因此不呈线状,而是有分支的。燕麦、全豆中含量多。

②半纤维素:由许多戊糖和己糖聚合而成的杂多糖。

③木质素:非多糖结构,是酚核结构物质的高分子聚合物。草食动物也不能消化。

④果胶:主要由半乳糖醛酸经α1→4苷键聚合的多糖。水果中含量较多。

⑤藻胶:是几种多糖的混合物,主要由半乳糖通过α1→3和α1→4苷键聚合而成。海带等水生植物中含量较多。

⑥抗性淀粉:包括改性淀粉和经过加热与冷却处理的淀粉,它们都不能被小肠吸收。

表2-9介绍了几种食物中膳食纤维的含量。

表2-9 食物中膳食纤维的含量(g/100g可食部分)

食物	纤维素	果胶	木质素	膳食纤维总量
麦麸	8.0	–	3.2	44.0
白面包	0.7	–	痕量	2.7
全麦面包	1.3	–	1.2	8.5
苹果	0.5	0.5	0	1.4
番茄	0.4	0.3	0.3	1.4
马铃薯	1.0	0.2	痕量	3.5
卷心菜	0.7	0.7	0.4	2.8
胡萝卜	1.5	0.9	痕量	3.7

（二）纤维素的生理作用

1. 通便防癌

膳食纤维对肠壁有刺激作用，能促进肠蠕动，还具有很强的吸水性以增大粪便体积，因此利于排便，可及时清除肠道内有害物质。另外，膳食纤维能吸附由细菌分解胆酸等生成的致癌、促癌物质。膳食纤维中的植酸还可结合过多的Fe^{2+}，防止羟自由基的生成，避免氧自由基对黏膜的损伤。此外，肠道中的膳食纤维被微生物降解产生的短链脂肪酸如丁酸，实验发现有防止大肠黏膜细胞癌变的作用。

2. 降低血清胆固醇水平、预防胆石症和冠心病

膳食纤维可吸附胆酸，减少胆酸的重吸收，从而促进肝内胆固醇代谢转变为胆酸排出。膳食纤维能与胆汁酸、胆固醇等结合成不被人体吸收的复合物，因此能阻断胆固醇和胆汁酸肝肠循环，从而促进胆汁酸和胆固醇随粪便排出，降低了血胆固醇水平，可预防冠心病和胆石症的发生。此外，膳食纤维还具有结合锌离子的能力，从而降低锌铜比值，发挥其对心血管系统的保护作用。

3. 降低餐后血糖及防止热能摄入过多

膳食纤维增加食糜的黏度使胃排空速度减慢，并使消化酶与食糜的接触减少，所以使餐后血糖升高较平稳，同时也影响其他营养物质的消化吸收。

4. 吸附某些化学物质

能吸附某些食品添加剂、农药、洗涤剂等化学物质，对健康有利。

（三）膳食纤维的应用

1. 辅助防治糖尿病

已有资料证明，膳食纤维对预防和辅助治疗糖尿病有良好的保健作用。如

每日进食膳食纤维20g，2型糖尿病患者的餐后血糖、胰岛素曲线等明显好于进食10g的患者。分析马铃薯等食物的血糖指数与膳食纤维含量的关系，发现两者成负相关。水溶性纤维提高糖尿病动物对胰岛素的敏感性的作用比不溶性纤维显著。有临床研究显示，对2型糖尿病患者而言，含可溶性膳食纤维22.8%的麸皮面包有良好的降低血清胆固醇作用。

2. 心脑血管保健

一些临床观察和动物实验研究结果表明，摄入膳食纤维量与血清胆固醇水平呈负相关，不溶性纤维的作用不明显，而果胶、燕麦、豆类、水果、蔬菜有降低血浆胆固醇的作用，故对于心脑血管疾病与胆石症的防治均有帮助。

3. 预防大肠癌

流行病学研究表明，高膳食纤维有降低大肠癌危险性的作用。有报道称每天摄入11g以上麦麸可减少直肠息肉的发生。

4. 预防便秘

缺乏运动者、老年人及经常便秘的人，特别是患有高血压、肝脏疾病者，应注意经常摄入富含膳食纤维的食物，必要时可服用纤维素保健品以防便秘。增加膳食纤维的摄入对于肠憩室病患者可减轻症状，对痔及肛门疾病的防治也有利。

5. 减少龋齿和牙周病的发生

高膳食纤维增加了口腔咀嚼的时间，也能刺激唾液的分泌，这既增加了缓冲酸的能力，也有利于口腔和牙齿的清洁。另外，口腔在咀嚼富含纤维素的食物时，由于纤维素对牙齿和牙龈组织反复地磨擦，能按摩牙龈组织，强化血液循环，维护了组织健全。纤维素还能清除牙面的糖、蛋白质，可减少龋齿的发生。

膳食纤维对健康虽有重要的作用，但也有其不利的一面。膳食纤维在减少一些有害物质吸收的同时，也会减少一些营养素的消化和吸收。膳食纤维对消化管有刺激作用，会加重胃、肠溃疡患者病症，要禁忌摄入。同时，膳食纤维有结合离子的作用，若过多摄入膳食纤维，将影响铁、锌、钙、镁等元素的吸收。过量摄入膳食纤维会影响其他营养物质的消化和吸收，增加肠道蠕动和产气量，从而导致腹胀不适。

（四）供给量和食物来源

中国营养学会制定了国人不同能量摄取者膳食纤维的推荐摄入量（g）。
低能量组：24.13g/d（13.4g/l000kcal）；
中能量组：29.36g/d（12.23g/1000kcal）；
高能量组：34.59g/d（12.35g/1000kcal）。
实际上，正常成人每日膳食纤维的供给量为4~12g。

膳食纤维的主要来源是植物性食物，蔬菜和水果是人类膳食纤维的主要来源。谷类和豆类的种皮中膳食纤维含量较高，薯类、菌类和藻类等食物中也含有膳食纤维。

第三节 脂类

脂类包括脂肪、类脂两大类。脂肪是人体重要的供能营养素，也是体内主要的储存物质。类脂主要包括磷脂和胆固醇（chotesterol），是构成细胞的原料，与蛋白质构成生物膜，血液中的脂蛋白、胆固醇还是人体合成类固醇激素的原料。脂肪的能量系数为9kcal/g，如果摄入脂肪过多，易导致摄取热能超过消耗需要，引起超重肥胖。肥胖者易患高血压、高血脂、动脉硬化、糖尿病及胆道疾病。流行病学调查资料证实，高脂肪膳食与肠癌、乳腺癌等发病率有一定关系。摄入脂肪酸的种类、胆固醇的量、不饱和脂肪酸与饱和脂肪酸的比率（P/S，比率越高，脂肪中的不饱和脂肪酸就越多，这种脂肪多呈液状）等与人体健康有密切关系。因此，合理的脂类营养，对于预防疾病、保障健康有重要意义。

一、脂类的生理作用

（一）储能和供能

脂肪的主要作用是供能与储能。脂肪是体内过剩能量的一种储存方式，当机体代谢需要时可释放能量。1g脂肪在体内彻底氧化可产生大约9kcal（37.7kJ）热能，比等量蛋白质和碳水化合物产生的热能大一倍多。机体摄入过多的热能，不论来自哪种产能营养素，都以脂肪的形式储存于体内。因脂肪不溶于水，每克只占1.2ml体积，而糖原则占4.8ml体积。成年人脂肪占体重的10%~20%，肥胖者可达30%~60%。有研究发现，安静状态下空腹的成年人，维持其需要的能量大约25%来自游离脂肪酸，15%来自葡萄糖的代谢，而其余则由内源性脂肪提供，可见储存脂肪供能所占比例较大。

（二）组织细胞的组成成分

细胞膜是由磷脂、糖脂和胆固醇组成的类脂层；神经组织含有磷脂和糖脂；胆固醇是类固醇激素、维生素D及胆汁酸的前体。

（三）防护作用

脂肪主要分布于腹腔肠系膜、小网膜、大网膜、皮下组织、肌纤维间等处，脂肪有保护脏器、组织和关节的作用。皮下脂肪还是很好的绝缘物质，有保温防寒作用。

（四）促进脂溶性维生素的吸收

膳食脂肪是脂溶性维生素A、维生素D、维生素E、维生素K的载体，协助脂溶性维生素和胡萝卜素等的吸收。如果饮食中缺乏脂肪，这些营养素的吸收量就会减少。一些食用油脂富含脂溶性维生素，例如鱼肝油富含维生素A和维生素D；麦胚油富含维生素E；许多种子富含维生素K等。

（五）增加饱腹感和改善食物的感官性状

脂肪在胃中滞留时间较长，约3.5小时。可延迟胃的排空，有助于延缓饥饿感发生，这是因为脂肪进入十二指肠后，能刺激肠部产生肠抑胃素（enterogastrone），它可使胃收缩受到抑制。在低热量饮食中，适当增加脂肪，能给人以饱腹感，这对减肥的人是一种乐于接受的方法。同时，食用油脂烹调食物可增加食物的色、香、味，并增进食欲，有利于营养素的消化吸收。

（六）提供必需脂肪酸

具体内容下面详细叙述。

二、必需脂肪酸

（一）必需脂肪酸的定义

必需脂肪酸（essential fatty acid，EFA）是指人体不能合成的多不饱和脂肪酸。严格地说，是指ω6系的亚油酸与ω3系的α-亚麻酸。它们可由植物合成，但人体不能合成。亚油酸作为其他ω6系脂肪酸的前体可在体内转变生成γ-亚麻酸、花生四烯酸等ω6系脂肪酸；同时，α-亚麻酸可作为ω3系脂肪酸的前体，在体内转变生成二十碳五烯酸（eicosapentaenoie acid，EPA）、二十二碳六烯酸（docosahexaenoic acid，DHA）等ω3系脂肪酸。有人将上述多不饱和脂肪酸称为必需脂肪酸。

EPA与DHA是20世纪70年代开始受到关注的ω3系脂肪酸。调查发现，格陵兰岛上的爱斯基摩人冠心病与心肌梗死的发病率低于丹麦的爱斯基摩人10倍，这与岛上居民大量食用海鱼、海豚等海产品，因而摄入多量EPA、DHA有关，他们的EPA、DHA摄入量占脂肪酸总量的13.1%，而丹麦的只占0.8%。此后荷兰有心血管病死亡率与鱼的进食量呈负相关的报道。临床研究发现，EPA、DHA有降低血清甘油三酯的作用。有报道提示，摄入脂肪酸的ω3/ω6比值与癌症死亡率呈负相关；动物实验表明，EPA、DHA对化学致癌物引发的乳腺癌、结肠癌、前列腺癌、胰腺癌或移植瘤有延迟发生与减少数目的作用。

以上有关机制目前尚未完全阐明，可能EPA与花生四烯酸竞争环氧化酶、脂加氧酶，改变PG以及LT的代谢平衡是主要的原因，见图2-2。

ω6系： 亚油酸→γ-亚麻酸→花生四烯酸 ──→ PGG$_2$

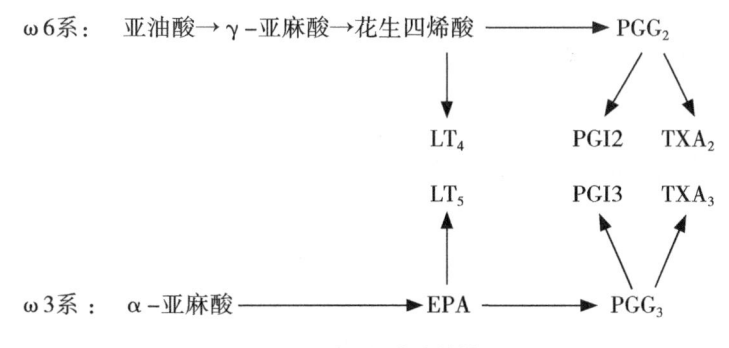

LT$_4$　　PGI2　　TXA$_2$

LT$_5$　　PGI3　　TXA$_3$

ω3系： α-亚麻酸 ──────→ EPA ──→ PGG$_3$

图2-2　ω6/ω3系脂肪酸的转化

已知DHA是脑组织中含量最多的脂肪酸，视网膜、睾丸、精子中也较多。EPA、DHA是组成磷脂、胆固醇酯的重要脂肪酸。故ω3系脂肪酸受到营养学界的高度重视。

（二）必需脂肪酸的生理功能

1. 合成活性物质的原料

EFA是合成前列腺素（PG）、血栓烷（TX）、白三烯（LT）等体内活性物质的原料。这些活性物质参与炎症发生、平滑肌收缩、血小板凝聚、免疫反应等多种过程。缺乏必需脂肪酸的动物和人可产生多种与此相关的症状。缺乏时，生物膜结构、功能改变，膜通透性和脆性增加，线粒体肿胀。必需脂肪酸缺乏时出现的鳞屑样皮炎、湿疹与皮肤细胞膜对水的通透性增加有关。近年研究表明，前列腺素广泛存在于各种组织中，具有调节生理机能和促进新陈代谢的作用，并能降低血栓形成和血小板黏结作用，而前列腺素的必要前体为亚油酸。

2. 合成磷脂与胆固醇酯化的原料

EFA是合成磷脂与胆固醇酯化的必需原料，有利于脂质的利用和代谢。维持胆固醇正常代谢及降低血胆固醇水平。体内胆固醇必须与EFA结合成酯后，才能在体内转运进行正常代谢。如EFA缺乏，胆固醇转运受阻，不能进行正常代谢，在动脉沉积而导致动脉粥样硬化。

3. 参与多种生理过程

生物膜的结构、动物精子形成、妊娠、泌乳等生理过程必须有EFA参与。膳食中如果长期缺乏EFA，动物可出现不孕症，授乳过程也可能发生障碍。

4. 促进损伤皮肤的修复

EFA可促进对X射线引起的皮肤损害的修复作用。新生组织生长需要亚油酸，受损组织修复也需要亚油酸，故有足够的EFA时，受损组织才可迅速修复。

（三）供给量及食物来源

人体对EFA的需要量，一般认为应占全日总热量的2%，婴儿则应占其热量的3%。EFA的最好来源是植物油，尤其是棉籽油、豆油、玉米油、芝麻油等，几种食品中亚油酸含量见表2-10。

表2-10 几种食物中亚油酸含量（相当于食物中脂肪总量的%）

食物	亚油酸	食物	亚油酸	食物	亚油酸
豆油	52.2	黄油	3.5	鸭肉	22.0
玉米胚油	47.8	猪肉（瘦）	13.6	猪心	24.4
芝麻油	43.7	猪肉（肥）	8.1	猪肝	15.0
花生油	37.6	牛肉	5.8	猪肾	16.8
菜籽油	14.2	羊肉	9.2	猪肠	14.9
猪油	6.3	鸡肉	24.4	鲤鱼	16.4

三、胆固醇与磷脂的功用

两者都是脂蛋白与细胞膜的组成成分。脂蛋白与脂类及部分脂溶性维生素的吸收、运输、代谢及利用密切相关。胆固醇是增强生物膜坚韧性的关键成分，磷脂则与膜的流动性相关，且与信息传递功能有关。胆固醇是体内类固醇激素与内源性维生素D合成的原料。胆固醇的代谢产物胆汁酸能乳化脂类，帮助膳食脂类吸收。此外，神经组织的脑苷脂、神经节苷脂（属糖脂）及神经鞘磷脂等，均与神经的功能密切相关。

四、脂类的合理营养及质量评价

（一）脂肪的合理营养

脂肪的合理营养主要指脂肪的摄入量与种类。营养学家推荐脂肪供能占总热能：成人为20%～25%、儿童青少年为25%～30%；必需脂肪酸占总热能的2%，饱和脂肪酸（SFA）、单不饱和脂肪酸（MFA）、多不饱和脂肪酸（PUFA）的比例以1∶1∶1为宜。动物脂肪含丰富的饱和脂肪酸，植物脂肪含丰富的高不饱和脂肪酸，两种脂肪都含单不饱和脂肪酸，如猪、牛、羊的脂肪及花生油、芝麻油、菜籽油等含有40%以上的单不饱和脂肪酸。有报道称，淡水鱼富含十八碳的多不饱和脂肪酸，PUFA/SFA＜1，海水鱼富含二十碳、二十二碳的高不饱和脂肪酸，PUIA/SFA≌13。海水鱼是EPA和DHA的良好来源。ω3系的α-亚麻酸在豆油、麻油、亚麻籽油、苏子油以及绿叶蔬菜的叶绿体中含量较多。由上可见，日常膳食中烹调多用植物油，从动物性食物中获得动物脂肪，经常食用海水鱼，注意控制脂肪摄入总量，则可能是比较合理的。食入高胆固醇后，肝内胆固醇含量升高，可反馈抑制关键性酶使肝脏合成胆固醇减少，但不能降低肝外组织的合成。因此，大量进食高胆固醇食物仍可升高血浆胆固醇水平。所以要防治高脂血症与动脉硬化，日常仍须控制摄入量，不要过多进食富含胆固醇的食物，如动物内脏、蛋黄等。植物性食物中含有谷固醇、麦角固醇及豆固醇等，能干扰食物胆固醇的吸收，膳食纤维能吸附胆汁酸，从而促进肝中胆固醇代谢为胆汁酸排出，因而有降低血胆固醇的作用。卵磷脂、胆碱、蛋氨酸因参与磷脂或脂蛋白合成，与脂肪转运有关，所以称之为抗脂肪肝因子。

大豆蛋白属优质蛋白，富含磷脂与蛋氨酸，还含有豆固醇、高不饱和脂肪酸、铁、钙及B族维生素，因此是良好的脂类营养食品。此外，近年流行病学调查发现，大量消费大豆的人群，其乳腺癌、结肠癌、前列腺癌以及心脏病的发病率均低于对照组，提示大豆有防癌和保护心血管的作用，并认为主要与大豆异黄酮有关。已知大豆含有10余种异黄酮，目前正从异黄酮与某些生长因子或酶的关系入手，深入开展它的弱雌激素作用、抗氧化作用机制研究。

（二）脂肪营养价值的评价

许多疾病与脂肪的摄入量过多有关。因此适当控制脂肪摄入量，正确选择膳食脂肪是非常重要的。膳食脂肪的营养价值可从必需脂肪酸、脂溶性维生素A、维生素D、维生素E的含量、稳定性及消化率等方面加以评价。

1. 消化率

脂类的消化主要在小肠中进行，通过胰脂肪酶的作用被分解为脂肪酸和甘油。脂肪的消化率与其熔点有密切关系，熔点较低的脂肪消化率高，消化率越高的脂肪，其营养价值也越高。脂肪的熔点与其低级脂肪酸和EFA含量有关。含不饱和脂肪酸（unsaturated fatty acid）和短链脂肪酸越多的脂肪，其熔点越低，也越容易被消化。

2. 必需脂肪酸含量

脂肪中EFA含量越高，该脂肪的营养价值就越高。一般植物油中亚油酸含量高于动物脂肪，其营养价值也高于动物脂肪。

3. 脂溶性维生素含量

一般脂溶性维生素含量高的脂肪营养价值高。动物肝脏脂肪含丰富的维生素A、维生素D，特别是海产品鱼肝油中含量更高；奶和蛋的脂肪中维生素A、维生素D亦较丰富。植物油中富含维生素E，尤其是谷类种子的胚油，维生素E含量更为突出。

五、供给量和食物来源

膳食脂肪的供给量各国皆以膳食总热能的占比为标准，我国的推荐供给量规定成人每日摄入脂肪量应占总能量的20%~30%，不宜超过30%。在寒冷条件下可适当增加摄入量。在炎热环境下脂肪供给量应适量减少。极重体力劳动者为避免食物体积过大，保证热量的供应，可适当提高脂肪的摄入量。儿童少年脂肪摄入量占每日总摄入量的25%~30%为宜。

膳食脂类来源包括烹调用油、肉类中的脂肪和各种食物中含有的脂类物质。供给人体脂肪的动物性食物主要有猪油、牛油、鱼油、奶脂、蛋黄油等；植物性食物有花生、大豆、芝麻等油料作物榨取的油类。含磷脂丰富的食物有蛋黄、瘦肉、脑、肝及肾等内脏。动物脑和内脏及蛋黄、奶油等食品，也含有较多的胆固醇。

脂肪的供给不仅要考虑量，还要考虑质。即不饱和脂肪酸占比应高一点，饱和脂肪酸占比应低一点，两者的比值（P/S值）应为1.25~1.5为宜，这就要求日常膳食应多用植物油。一般认为，膳食中的植物油供给应占2/3，且亚油酸的供给量为总热量的2%~3%为宜。随着年龄增大，动物油的摄入量应逐渐减少，因动物性脂肪中的高饱和脂肪酸和高胆固醇是诱发冠心病的危险因素之一。

六、运动员对脂肪的需要量

对于能量消耗大、机体散热较多和长时间运动的项目，如马拉松跑、滑雪、滑冰和游泳等，应适当增加脂肪供给量。运动员膳食中，脂肪的供给量一般应占总热量的30%左右，脂肪的摄入量以1.5g/kg为宜，且应多用植物性脂肪和磷脂（大豆中含量高），动物性脂肪不宜超过总热能的10%。近年来，有人提出运动员食用麦芽油可增强耐力，因麦芽油中富含亚油酸，亚油酸可转变成肌糖原储存起来备用，此外，麦芽油中还含有较多的维生素E和植物固醇。目前，我国运动员膳食中普遍存在的问题有脂肪摄入量偏多、重副食轻主食、猪肉供应比例过高、烹调中油脂使用过量。

七、脂肪的摄取与运动

脂肪是从事耐力项目运动员的主要能量来源。运动可以改善体内的脂肪代谢、降低血脂含量，是减轻体重和减少体脂的一种有效措施。此外，运动还可增加血液中高密度脂蛋白的含量，高密度脂蛋白能加速血中胆固醇的运输与排出，对预防动脉粥样硬化起重要作用。长时间运动时，血浆甘油三脂和胆固醇下降的主要原因是：首先，运动时机体的能量消耗增加，骨骼肌、心肌摄取游离脂肪酸增多，从而进入肝脏的脂肪酸减少，使体内甘油三脂合成减少；其次，运动能提高脂蛋白脂酶活性，清除甘油三脂的功能加强，因而使血脂下降。实验证明，通过长期的体育锻炼和耐力运动，可使血浆甘油三脂和胆固醇水平明显下降。Chrisrensen等的研究提示，高脂饮食与耐力运动能力有关。运动员摄取高脂肪饮食后，持续运动90分钟就会感到疲劳，而摄取高糖饮食后，持续运动的时间却能达到240分钟，约是高脂饮食的3倍；正常饮食时，持续运动120分钟才感到疲劳。Bergstrom等人将高脂肪饮食后全身耐力降低的原因，归因为过多摄取的脂肪不能充分氧化促进了乙酰乙酸、β-羟丁酸等酮体的生成，由于这些酸性物质在体内的积聚，导致内环境代谢性酸中毒，诱使全身耐力降低。另外，摄取过多的脂肪还会增重，乃至引发肥胖，影响机体对胰岛素的敏感性和呼吸、循环系统的机能，致使运动耐力下降。

第四节 维生素

维生素（Vitamin，Vit）是维持人体正常代谢和功能所必需的一类营养素，化学本质均为低分子有机化合物。人体不能合成维生素，必须从食物中获得。维生素不能为机体提供热能，也不是机体的构成物质。虽然机体对维生素需要量很少，但因其各有重要的生理功能，故机体某种维生素缺乏或不足时，就会引起代谢紊乱以及出现相应病理症状，称为维生素缺乏症。

在维生素的化学结构未阐明之前，其名称一般按发现的先后次序，在维生素之后加上A、B、C、D等拉丁字母表示，如维生素A、维生素B、维生素C、维生素D等。此外，最初发现时，以为是一种，其后发现是几种混合存在，于是在字母右下方注以1、2、3等加以区别，如维生素A_1、维生素A_2等。但这种命名系统正逐渐被基于它们的化学本质或生理功能的命名所取代，如硫胺素、抗癞皮病维生素、生育酚、抗坏血酸等。

维生素种类繁多、结构各异，理化性质和生理功能各不相同，通常按其溶解性质分为脂溶性维生素（fat-soluble vitamins）和水溶性维生素（water-soluble vitamins）两大类。脂溶性维生素包括维生素A、维生素D、维生素E、维生素K，只溶于有机溶剂而不溶于水，在食物中常与脂类混合在一起，在吸收过程中与脂类相伴而行，可贮存于脂肪组织和肝脏中，过量可引起中毒。水溶性维生素包括B族维生素（维生素B_1、维生素B_2、维生素PP、维生素B_6、维生素B_{12}、泛酸、叶酸、生物素）和维生素C，易溶于水，在食物清洗、加工、烹调过程中处理不当易损失，在体内仅有少量贮存，易排出体外。脂溶性维生素和水溶性维生素的不同特点见表2-11。

表2-11 脂溶性、水溶性维生素的特性

序号	脂溶性维生素	水溶性维生素
1	含碳、氢、氧三种元素，均为异戊二烯衍生物	含碳、氢、氧，有时还含有钴、硫等其他元素
2	溶于脂肪和脂溶剂，疏水	溶于水，亲水
3	有前体或前维生素	一般无前体
4	需在脂性环境或胆盐帮助下才易吸收	易吸收
5	吸收入淋巴系统	吸收入血液
6	体内可大量储存，过量积蓄可引起中毒	体内有一定周转存储量，但不储存，多余随尿排出，一般不会蓄积中毒
7	不需要每日供给	宜每日供给
8	缺乏时症状发展缓慢	缺乏时症状发展较明显

人体维生素不足或缺乏是一个渐进过程，当膳食中长期缺乏某种维生素时，最初表现为组织中维生素的储备量下降，继则出现生化缺陷和生理功能异常，进而引起组织学上（即结构上）的变化，最后出现各种临床症状。

维生素缺乏的原因有原发性和继发性两种。膳食中含量不足属于原发性的；由于机体对维生素的吸收和储备发生障碍，或体内破坏加速及病理上对维生素的需要量升高而导致的维生素缺乏，属于继发性的。长期轻度缺乏，或称临界缺乏维生素，并不一定出现临床症状，但可使劳动（包括脑力劳动）效率下降，引起不适的主观感觉及对疾病的抵抗力下降等。所以，我们不仅要预防缺乏症的发生，而且要时刻关注临界缺乏状态，使机体处于健康水平。

一、脂溶性维生素

（一）维生素A

维生素A（Vit A）又名视黄醇（retinol）或抗干眼病维生素，是不饱和的一元醇，黄色结晶体，性质活泼，易被氧化和紫外线照射而破坏。天然维生素

A只存在于动物性食物中。植物体内所含的β-胡萝卜素（β-Carotene）进入机体可转变为维生素A，因此β-胡萝卜素又称维生素A原，在人体内可发挥维生素A的作用。

在计算膳食中维生素A的总摄入量时，应将动物性食物中的维生素A与植物性食物中的胡萝卜素都换算为视黄醇当量。换算关系是：

1国际单位维生素A（IU）=0.3μg视黄醇当量

1μg维生素A=1.0μg视黄醇当量或6μgβ-胡萝卜素

1μgβ-胡萝卜素=0.167视黄醇当量

1μg其他维生素A原类胡萝卜素=0.084μg视黄醇当量

膳食中总视黄醇当量（μg）=维生素A（IU）×0.3+β-胡萝卜素（μg）×0.167+其他维生素A原类胡萝卜素（μg）×0.084

1. 生理功能及缺乏症

（1）维持正常视觉功能

视网膜上感光物质视紫红质，是由维生素A的合成物11-顺视黄醛和视蛋白结合而成，具有感受弱光的作用，能使人在暗处看清物体。如果维生素A缺乏，视紫红质合成不足，对弱光敏感度降低，使暗适应时间延长，引发视力低下和夜盲症（古称雀目症）。

（2）维持上皮组织结构的完整和健康

维生素A与磷酸构成的脂类是合成糖蛋白所需的寡糖基的载体，而糖蛋白能参与上皮细胞的正常形成和黏液分泌，是维持上皮细胞的生理完整性的重要因素。缺乏维生素A时，上皮细胞分泌黏液的能力丧失，出现上皮干燥、角化、增生及脱屑，尤其以眼、呼吸道、消化道及尿道等上皮组织受影响最为明显。由于上皮组织不健全，机体抵抗微生物侵袭的能力降低而易感染致病。如果泪腺上皮受波及，导致泪液分泌减少，会造成干眼病，严重时角膜上皮角质化导致角膜感染，白细胞浸润致角膜混浊软化而穿孔失明。

（3）促进生长发育

具有类固醇激素的作用，影响细胞分化，促进生长发育。维生素A能维持成骨细胞与破骨细胞之间的平衡，维持骨的正常生长。缺乏时可引起生长停顿，发育不良，骨质向外增生，并干扰邻近器官以及神经组织等。孕妇缺乏维生素A可导致胚胎发育不全或流产。

（4）具有抗氧化和抗癌作用

维生素A和β-胡萝卜素能捕捉自由基，是体内重要的抗氧化剂。近年来研究证明，维生素A与视黄醇类物质能抑制肿瘤细胞的生长与分化而起到防癌、抗癌作用。此外，维生素A与抗疲劳有关。

2. 需要量

成年人维生素A的供给量为每日800μg视黄醇当量。供给量中至少应有1/3来自维生素A，其余2/3可来自胡萝卜素。视力要求高、夜间及弱光下工作，皮肤黏膜经常受刺激者的需要量较高，如射击、摩托及游泳运动员的需要量较高。摄入维生素A制剂过量可发生中毒，急性表现为恶心、呕吐、嗜睡；慢性表现为食欲不振、毛发脱落、头痛、耳鸣、复视等。

3. 食物来源

维生素A只存在于动物性食物中，尤其是动物的肝脏、蛋类和奶类。胡萝卜素的良好来源是有色蔬菜和水果，如菠菜、苜蓿、豌豆苗、红心甜薯、胡萝卜、青椒、南瓜、杏和芒果等。

4. 维生素A与运动能力

虽然维生素A的主要功能是维持正常的视觉，但它与几种前体物质在糖原的生物合成及肌蛋白的合成中也有牵涉。从理论上讲，维生素A的这个作用对耐力训练及肌肉增粗很重要。在瓦尔德等人的研究中，他们让5个受试者连续6个月吃缺少维生素A的膳食，后又连续6周让受试者吃增补了维生素A的膳食。期间让受试者在活动跑道上进行身体水平测试，受试者先进行15分钟准备活动，接着跑步跑到精疲力竭的程度，对心率、吸氧量、肺通气量及血乳酸浓度进行了测定。结果显示，在缺供维生素A的6个月里，受试者进行最大或次最大强度运动时，没有发现其生理功能明显减退，耐力也没有受到影响；在增供维生素A的6周里，也未发现从中得到什么益处。

（二）维生素D（抗佝偻病维生素）

维生素D（Vit D）是类固醇衍生物，种类繁多，以维生素D_2（麦角钙化醇）和维生素D_3（胆钙化醇）对人类最为重要。维生素D结晶呈白色，性质稳定、耐高温，但酸败的油脂可破坏维生素D。

1. 生理功能与缺乏症

维生素D的主要生理功能是调节体内钙、磷代谢，促进钙、磷的吸收和利用，以构成健全的骨骼和牙齿。维生素D缺乏或不足时，钙、磷代谢紊乱，血中钙、磷水平降低，使骨组织钙化发生障碍。幼儿期可出现佝偻病，成年人发生骨软化症，多见于孕妇、哺乳期女性和老年人，严重者血钙明显下降，可引起手足抽搐症。

膳食中维生素D缺乏、日光照射不足，是引起人体维生素D缺乏的两大主要原因。因此，维生素D缺乏常发生在光照不足、小儿喂养不当（尤其是人工喂养），或肝中维生素D及钙储存量较少、出生后生长又较快的早产儿及多胎儿中。某些疾病特别是肠道吸收障碍，会影响维生素D与钙的吸收，也是维生素D缺乏的常见原因之一。

2. 需要量

儿童、老年人及孕妇每天供给量均为$10\mu g$（400 IU），一般成年人为$5\mu g/d$。经常受日光照射，体内合成量即可满足需要，只有特殊情况（如夜班工作等缺乏户外活动）才需补充。体内过多摄入的维生素D可引起机体中毒。如长期给儿童食用浓缩维生素D，可出现厌食、便秘、呕吐、头痛、烦渴多尿、肌张力下降、心率快而失常等症状，甚至可引起软组织钙化等病症。

3. 食物来源

维生素D主要存在于动物性食物中，最丰富的来源是鱼肝油、各种动物肝脏和蛋黄，夏季动物奶中的含量也较多。晒干后的青菜，其他维生素可能被破坏，但唯独维生素D剧增，故菜干是富含维生素D的食物。多进行室外活动、适当的日光浴、食用维生素D含量较高的食品，对婴儿和经常在地下工作的人员特别重要。

（三）维生素E

维生素E（Vit E）又称生育酚（tocopherol），为浅黄色油状物。极易自身氧化，并易遭氧、碱、铁盐的破坏，但对酸、热较稳定；在长期高温加热，特别是油脂酸败时，常使其活性明显降低。

1. 生理功能

（1）具有抗氧化作用

机体代谢过程中不断产生自由基，自由基是有一个或多个未配对电子的原子或分子，具有强氧化性，易损害生物膜和生理活性物质，并促进细胞衰老与脂褐素沉着。维生素E能捕捉自由基，是体内自由基的良好清除剂，能对抗生物膜中不饱和脂肪酸的过氧化反应，因而避免脂质过氧化物的产生，保护生物膜的结构与功能；减少各组织细胞内脂褐素的产生，从而延缓衰老过程；防止维生素A（类胡萝卜素）、维生素C、含硫的酶和ATP的氧化，从而保护这些必需营养素在体内执行其特定的功能；阻断硝酸盐和亚硝酸盐转变成亚硝酸；刺激免疫系统，增加免疫反应从而起到预防肿瘤的作用。

（2）维持正常生殖功能

实验发现维生素E与性器官的成熟和胚胎发育有关，临床上常用于治疗习惯性流产和不育症。

（3）参与体内一些必需物质的合成

促进糖类、脂肪、蛋白质释放能量时所必需的泛醌的合成，调节核酸的合成。

2. 需要量

成人和青少年每日需要量为10mg/d，孕妇、哺乳期女性和老年人为12mg/d。维生素E需要量还受膳食其他成分的影响，如多不饱和脂肪酸和脂肪酸、口服避孕药、阿司匹林、酒精饮料等，都会增加维生素E的需要量。

3. 食物来源

维生素E主要存在于植物性食品中，麦胚油、棉籽油、玉米油、花生油、芝麻油是良好的来源。

4. 维生素E与运动能力

维生素E对人体的作用是多方面的，特别对竞技运动能力有重要作用。苏联研究人员把维生素E比作提高运动能力的"秘密武器"。在对自行车和滑雪运动员的研究中，将运动员分为两组，实验组进行运动训练，对照组服安慰剂（膳食中维生素E含量20mg）；实验1组服用100~150mg维生素E，训练时间1.5~2小时；实验2组服用250~300mg维生素E，训练时间3~4小时。结果表明，服用维生素E的实验组运动员精力充沛，未出现缺氧症状，而对照组却很早出现力竭状态。

日本医生曾研究了维生素E对高原上进行长跑的运动员成绩的影响。在本州岛上有两组运动员参加了4000米比赛，实验组在跑前几周内定期服用了维生素E，结果实验组成绩比对照组提高了30秒。另外，萨尔曼等人的研究显示，服用维生素E与提高运动能力之间并无相关。由此可见，维生素E与竞技运动能力之间的关系尚不明确。

在提高运动能力方面，近年来的研究结果显示，维生素E在下列几个方面有着明显的作用。①维生素E可以促进蛋白质的合成，改善肌肉的血液供应和营养；可提高肌肉质量，对抗肌肉疲劳。②维生素E可以提高抗氧化还原反应能力和维持生殖功能，并使人体组织细胞获得较多的氧气供应，能有效地提高肌肉中氧的利用率，减少氧债、增强耐力，对耐力项目尤为重要。③维生素E和胡萝卜素等是自由基清除剂，嵌入细胞膜的α-生育酚通过提供氢原子防止自由基在膜脂质中引起链锁反应，使膜上的不饱和脂肪酸免遭氧化，进而保护细胞膜的完整性。另外，维生素E作为抗氧化剂还可对酶的活性起到保护作用。在运动状况下，自由基产生会明显增多，导致红细胞溶血发生和某些酶活性下降。由此可见，运动员维生素E的需要量远高于一般人。

（四）维生素K

维生素K是一类2-甲基-1、4奈醌的衍生物。其中以天然的维生素K_1、维生素K_2、维生素K_3和维生素K_4较为常见。维生素K_1和维生素K_2的化学结构在甲基奈醌的C_3上有一个较长的烃链，维生素K_1的烃链是一个20个碳原子的叶绿基；维生素K_2的烃链含有多个异戊间二烯的同系物。维生素K_1是黄色黏稠油状物，维生素K_2是淡黄色晶体。维生素K_1、维生素K_2对热稳定，但易被碱、乙醇和光破坏，故须避光保存。

1. 生理功能与缺乏症

维生素K在体内的生理作用较广泛，主要参与凝血作用，故又称凝血维生素。可能机理是其在肝内促进凝血因子Ⅱ、Ⅶ、Ⅸ和Ⅹ的形成，并能促进纤维蛋白原转变为纤维蛋白。维生素K可增加肠道蠕动和分泌功能，能延缓糖皮质激素在肝中的分解，还具有类似氢化可的松的作用等。

维生素K广泛存在于植物界，人体肠道细菌丛也能合成，一般不易发生缺乏病。但长期服用抗菌药物、胆道阻塞、腹泻等引发的脂类吸收不良，均可引起维生素K缺乏。抗凝血药物双香豆素等有竞争性抑制维生素K的作用，阻碍凝血因子形成；肝脏疾患时，合成凝血因子受阻，也可出现维生素K缺乏症。维生素K缺乏时，可引起凝血障碍，临床表现为凝血酶原减少、凝血时间延长、易出血等，严重者会伴有血尿、鼻出血、水肿以及关节囊瘀血等症状。

另外，由于维生素K具有醌式结构，能还原成无色氢醌。它可能像奈醌那样参与呼吸链，在黄酶与细胞色素之间传递氢和电子，并参与氧化磷酸化过程。当维生素K缺乏时，肌肉中的ATP、CP含量及ATP酶活性都明显降低。

2. 需要量

维生素K的需要量尚未确定，估计成人每日需70～140μg，儿童的需要量略低于成人。因人体对维生素K的需要量很少，且肠道细菌可以不断合成，以满足人体的需要，故一般不会缺乏。

3. 食物来源

维生素K广泛分布在植物界。维生素K_1在绿叶植物（苜蓿、菠菜等）及动物肝脏中含量较丰富；维生素K_2是人体肠道细菌的代谢产物。

二、水溶性维生素

水溶性维生素包括B族维生素和维生素C。

（一）维生素B_1

维生素B_1（Vit B_1）又称硫胺素（thiamine）或抗脚气病维生素，白色结晶体。在酸性溶液中稳定、耐热，但在碱性条件下加热易遭氧化破坏，故烹调加碱会使维生素B_1大量损失。

1. 生理功能与缺乏症

（1）促进糖类等新陈代谢，维护心脏和神经健康

焦磷酸硫胺素（TPP）是α-酮酸脱氢酶系中的辅酶，对机体内糖的氧化起重要作用。在正常情况下，神经组织所需能量主要靠糖氧化供给。当维生素B_1缺乏时，糖代谢受阻，导致体内能量供应发生障碍，尤其是神经组织能量供应受到影响，并伴有糖代谢中间产物丙酮酸、乳酸在神经组织堆积，可出现神经肌肉兴奋性异常和心肌代谢功能紊乱，表现为多发性神经炎，典型的缺乏症为脚气病。如长期食用精米细面，又缺少粗杂粮和多种副食品的合理补充，就容易罹患脚气病。

（2）增进食欲与消化功能

维生素B_1可抑制胆碱酯酶的活性，使神经传导递质之一的乙酰胆碱水解减少。维生素B_1缺乏时，由于胆碱酯酶活性增强，乙酰胆碱水解加速，使神经正常传递受到影响，导致胃肠蠕动缓慢，消化液分泌减少，引起食欲不振、消化不良等消化功能障碍。

2. 供给量

由于硫胺素参与糖代谢，其需要量与热能供应成正比。目前硫胺素供给量为0.5mg/4.18MJ（1000kcal），一般成人每日供给量为1.4～1.8mg，高度脑力劳动、高温、缺氧及摄入碳水化合物多者需要量增加。运动员需要量较高，耐力项目尤甚。

3. 食物来源

维生素B_1广泛存在于天然食品中，含量丰富的有动物内脏、肉类、豆类、花生和粗粮。谷类是我国人民的主食，也是维生素B_1的主要来源。但粮食加工过分精细、过分淘洗、蒸煮中加碱均可造成维生素B_1损失。

4. 维生素B₁与运动能力

作为脱羧酶的辅酶，维生素B₁参与细胞内的多种生化反应（特别在丙酮酸转变为乙酰辅酶A的过程中）。维生素B₁缺乏影响糖代谢，有氧运动主要靠糖代谢供能，且缺乏维生素B₁会引起琥珀酸不足，也可导致血红蛋白生成量减少。有研究认为，运动员对维生素B₁的需要量依能量消耗而定，且受糖的摄入量影响，由于运动中能量消耗增加，故对维生素B₁和其他营养物质的需要量也随之增加。

关于服用维生素B₁对身体的影响，有人研究了服用维生素B₁对力量、短时力竭运动及长时间剧烈运动的影响，结果提示，即使受试者的维生素B₁摄入量超过0.23mg/kcal（相当于每日推荐摄入量的一半），对身体运动能力的相关变量仍无任何益处。另有研究表明，运动员连续10~14天食用缺乏维生素B₁的膳食，肌肉耐力就会降低，当各种维生素的摄入量恢复正常时，肌肉的耐力也恢复正常；同时，在足量维生素的膳食中添加B族维生素，肌肉耐力也不会进一步增强。

（二）维生素B₂

维生素B₂（Vit B₂）又称核黄素（riboflavin），橘黄色针状结晶体。在酸性溶液中稳定，但易被光和碱所破坏，宜避光保存，烹调中不宜加碱。

1. 生理功能与缺乏症

维生素B₂是黄酶辅基FMN和FAD的组成成分，直接参与氧化反应及呼吸链电子传递，是糖类、蛋白质及脂肪在体内代谢不可缺少的物质；维生素B₂与肾上腺皮质激素产生及骨髓中红细胞的形成有一定的关系；维生素B₂能促进生长发育，维护眼睛、皮肤健康。当维生素B₂缺乏时，常出现口角炎、唇炎、舌炎、睑缘炎、脂溢性皮炎、阴囊炎和贫血等症状。

2. 供给量

维生素B₂的供给量与机体能量代谢及蛋白质的摄入量密切相关，当机体热能需要量增大、生长加速、创伤修复期及孕妇与哺乳期女性的供给量均需增加。运动员中力量与耐力项目需要量较高。我国推荐的供给量标准为每4.18MJ（1000kcal）热能需供0.5mg维生素B_2，相当于成人每日1.4mg左右。

3. 食物来源

维生素B_2广泛存在于动物和植物性食物中，以肝、肾、心、奶类、蛋黄和鳝鱼中含量较多，豆类和绿叶蔬菜中含量次之。因维生素B_2来源不太广泛，我国人民的膳食中供给量往往不能满足需要，因此轻度缺乏症者经常可见，故日常膳食营养中应引起注意。

4. 维生素B_2与运动能力

维生素B_2是同线粒体呼吸链电子转移有关的两种辅酶（FAD，FMN）的组成成分。维生素B_2与线粒体中发生的氧化反应关系最大，且对有氧耐力运动也很重要。有研究显示，机体对维生素B_2的需要量似乎与能量消耗或肌肉活动无关。维生素B_2缺乏多发生在素食运动员身上，若膳食中缺乏奶类或动物脂肪，运动员可能缺乏维生素B_2。

（三）维生素PP（维生素B_3）

维生素PP（Vit PP）也称维生素B_3，是吡啶的衍生物尼克酸（nicotinic acid）和尼克酰胺（nicotinamide）的总称。白色结晶体，性质稳定，耐高温，不易被酸、碱、氧气及光所破坏，是维生素中性质最稳定的一种。

1. 生理功能及缺乏症

以尼克酰胺形式参与构成辅酶I（NAD）和辅酶Ⅱ（NADP），在生物氧化过程中起递氢作用。当人体缺乏维生素PP时将引起癞皮病。早期症状有疲劳、乏力、工作能力减退、记忆力差以及经常失眠。典型症状是皮炎、腹泻和痴呆，即所谓的"三D"综合征。尼克酸缺乏常与维生素B_1、维生素B_2及其他营养素缺乏同时存在，故常伴有其他营养素缺乏症状。

2. 供给量

每1000kJ能量供给维生素PP 1.2mg，成人每日12～21mg，相当于维生素B_1

的10倍。若在缺氧条件下活动，如登山、飞行、潜水等运动员供给量应增加。

3. 食物来源

维生素PP广泛存在于动、植物食品中，其中含量最丰富的是酵母、花生、谷类、豆类及肉类，尤其是动物肝脏。色氨酸也可在体内转变成维生素PP（60mg色氨酸可转化为1mg烟酸），因玉米中维生素PP多为结合型，不能被吸收利用，故长期以玉米为主食的地区，可能造成维生素PP缺乏而罹患癞皮病。临床上常用的抗结核药物异烟肼的结构与维生素PP十分相似，对维生素PP有拮抗作用。故长期服用异烟肼的结核病患者，应注意适当补充维生素PP，否则，可能引发癞皮病的某些症状。

4. 维生素PP与运动能力

维生素PP是两种辅酶NAD和NADP的组成成分。NAD的主要功能是在糖酵解及有氧氧化中参与脱氧反应，生成$NADH+H^+$，其携带的氢经呼吸链氧化释放能量生成ATP，而NADP的主要功能是与脂肪酸和胆固醇合成有关。从理论上讲，增加维生素PP摄入量能增强无氧能力并能抑制脂肪酸代谢，从而促进糖的利用。

由于维生素PP抑制了游离脂肪酸的释放，因此肌肉就以糖原作为主要能源。服用维生素PP后，无论进行短期还是持续性的最大强度训练，运动员的运动能力（工作效率、耐力）都没有什么变化，而受试者却感到动作更笨重、更疲劳。因此，过多服用维生素PP不会产生有益的效果。

（四）泛酸（遍多酸、维生素B_5）

泛酸又名维生素B_5、遍多酸，其名源于希腊文"panto"，意指"每处"，因其偏酸性并广泛存于多种食物中，故而得名。泛酸是由泛解酸和β-丙氨酸组成的一种化合物，分子式为$C_9H_{17}O_5N$。淡黄色黏稠状物质，溶于水和醋酸，在中性溶液中对温热、氧化及还原都比较稳定，但易被酸、碱和干热（2~6天）破坏，常见的泛酸为其钙盐，呈白色粉状晶体，微苦，可溶于水，对光及空气稳定，但在pH5~pH7的水溶液中遇热可被破坏。

1. 生理功能

（1）参与代谢

泛酸的一个重要作用是以乙酰辅酶A的形式参与体内代谢，是二碳单位的载体，也是体内乙酰化酶的辅酶和酰基的传递者。

（2）帮助形成细胞

帮助细胞的形成，维持机体正常发育和中枢神经系统的发育。

（3）制造抗体

泛酸具有制造抗体的功能，能帮助抵抗传染病，缓和多种抗生素副作用及毒性，并有助于减轻过敏症状。

（4）维护发质营养

泛酸在维护头发、皮肤及血液健康方面有重要作用，当头发缺乏光泽或变得较稀疏时，多补充泛酸可见其效。此外还可以：①制造及更新身体组织；②帮助伤口愈合；③防止疲劳，帮助抗压；④缓冲多种抗生素副作用及毒素；⑤舒缓经前综合征；⑥缓解恶心症状。

2. 缺乏症及禁忌

缺乏泛酸会令心跳过速，血压直线下降；会导致疲劳、倦怠、头痛、恶心、呕吐、体重减轻；引起食欲丧失、舌炎、胃酸缺乏、对称性皮肤炎等症状；导致口疮、记忆衰退、腹泻、失眠、血糖过低；癞皮病末期患者若缺乏泛酸会出现严重的皮肤炎、痴呆，甚至死亡。泛酸为水溶性维生素，可经肾脏排出，较难发生过量现象。但长期单独服用过量泛酸时，可导致神经炎。手足常感刺痛者、过敏症困扰者、关节炎患者、服用抗生素者及服用避孕药的妇女应注意补充泛酸。

3. 供给量及食物来源

人类对泛酸的需要量，依每日承受的压力大小而异。成人建议每日摄入量为4~7mg；孕妇建议每日摄入量为5~9mg；哺乳期女性建议每日摄入量为5~9mg。食物来源主要为绿叶蔬菜、牛奶、豆浆、未精制的谷物、玉米、豌豆、花生、坚果类、蜜糖、瘦肉、动物内脏等。

（五）维生素B_6

维生素B_6是吡啶的衍生物。在酸性溶液中较稳定，但在中性和碱性溶液中对紫外线敏感。

1. 生理功能

维生素B_6在体内经磷酸化生成的磷酸吡哆醛和磷酸吡哆胺，是氨基酸代谢过程中多种酶的辅助因子，参与氨基酸的转氨、脱羧和消旋反应。由于维生素B_6与氨基酸代谢直接相关，在人体生长发育期间尤为重要。人体内维生素B_6缺乏的情况是罕见的。但长期用异烟肼进行抗结核治疗时，因其易与吡哆醛结合成异烟腙而从尿中排出，导致维生素B_6缺乏，故在服用异烟肼时还应加服维生素B_6，以防止治疗中出现的不安、失眠和多发性神经炎等不良反应。

2. 供给量

人体对维生素B_6的需要，受膳食中蛋白质水平、肠管细菌合成维生素B_6以及人体利用程度、生理状态及服用药物等因素的影响。一般成人每日需2mg左右。

3. 食物来源

维生素B_6广泛存在于各种食品中，如谷类、豆类、肉类、肝、蛋黄和酵母等，体内肠管细菌也可以合成一部分。

4. 维生素B_6与运动能力

维生素B_6是60多种酶系的组成成分，这些酶系有助于控制氮的代谢。它还与血红蛋白（Hb）、肌红蛋白（Mb）、细胞色素的生成有关。维生素B_6还能促进糖异生作用。磷酸化酶（促进糖原转变为1-磷酸葡萄糖的酶）的生成也离不开维生素B_6。理论上讲，维生素B_6能提高人体的有氧耐力。但有报告提示，增供维生素B_6后进行一次氧性质较强的游泳耐力试验，发现维生素B_6对增加耐力没有明显的效果。有人发现运动员在摄入含糖很低的膳食进行训练时，血清中维生素B_6和5-磷酸吡哆醛的水平较低，而且运动时糖异生作用可能会加速，从而会增加对5-磷酸吡哆醛的需求，建议摄入低糖膳食要增供维生素B_6。

（六）生物素（维生素H、维生素B_7、辅酶R）

生物素（biotin）为B族维生素之一，又称维生素H、维生素B_7、辅酶R（coenzyme R）等。20世纪30年代，在研究酵母生长因子和根瘤菌的生长与呼吸促进因子时，从肝中发现的一种可以防治由于喂食生鸡蛋蛋白诱导的大鼠脱毛和皮肤损伤的因子。生物素为无色长针状结晶，具有尿素与噻吩相结合的骈环，并带有戊酸侧链；极微溶于水（22mg/100ml，25℃）和乙醇（80mg/100ml，25℃），较易溶于热水和稀碱液，不溶于其他常见的有机溶剂。遇强碱或氧化剂则分解。在中等强度的酸及中性溶液中可稳定数日，在碱性溶液中稳定性较差。在普通温度下相当稳定，但高温和氧化剂可使其丧失活性。

1. 生理功能

生物素是多种羧化酶的辅酶，在羧化酶反应中起二氧化碳载体的作用。在体内，口服生物素迅速从胃和肠道吸收，分布于全身各组织；血液中80%的生物素以游离形式存在，在肝、肾中含量较多。用药后大部分生物素以原形由尿液排出，仅小部分代谢为生物素硫氧化物和双降生物素。

①帮助脂肪、肝糖和氨基酸在人体内进行正常的合成与代谢。

②促进汗腺、神经组织、骨髓、男性性腺、皮肤及毛发的正常运作和生长，减轻湿疹、皮炎症状。

③预防白发及脱发，有助于治疗秃顶。

④缓和肌肉疼痛。

⑤促进尿素合成与排泄，促进嘌呤合成和油酸的生物合成。

⑥用于治疗动脉硬化、中风、脂类代谢失常、高血压、冠心病和血液循环障碍性的疾病。

⑦生物素是人体内多种酶的辅酶，还参与维生素B_{12}、叶酸及泛酸的代谢。

2. 性质与用途

（1）构成视觉细胞内感光物质

生物素在体内氧化生成顺视黄醛和反视黄醛。人视网膜内有两种感光细胞，其中视杆细胞对弱光敏感，与暗视觉有关，因视杆细胞内含有感光物质视紫红质，它是由视蛋白和顺视黄醛构成。当维生素H缺乏时，顺视黄醛得不到足够的补充，视杆细胞不能合成足够的视紫红质，从而出现夜盲症。

（2）维持上皮组织结构的完整和健全

生物素是维持机体上皮组织健全所必需的物质。维生素H缺乏时，可引起黏膜与表皮的角化、增生和干燥，产生干眼病，严重时角膜角化增厚、发炎，甚至穿孔导致失明。皮脂腺及汗腺角化时，皮肤干燥，发生毛囊丘疹和毛发脱落。由于消化道、呼吸道和泌尿道上皮细胞组织不健全，易于感染。

（3）增强机体免疫反应和抵抗力

生物素能增强机体的免疫反应和感染的抵抗力，稳定正常组织的溶酶体膜，维持机体的体液免疫、细胞免疫并影响一系列细胞因子的分泌。大剂量可促进胸腺增生，如与免疫增强剂合用，可使免疫力增强。

（4）维持正常生长发育

生物素缺乏时，生殖功能衰退，骨骼生长不良，胚胎和幼儿生长发育受阻。

常用于治疗动脉硬化、中风、脂类代谢失常、高血压、冠心病和血液循环障碍性的疾病。也可用于化妆品，借此提高血液在皮肤血管中的循环速度，在0.1%～1.0%的浓度范围内，易与配方中的油相混合。在护肤雪花膏、运动药液、脚用止痛膏、刮胡须液、洗发液中均可使用。

3. 需要量与缺乏症

人体每日需要量为100～300μg。生鸡蛋清中有一种抗生物素的蛋白质（卵蛋白）能和生物素结合，结合后的生物素不能由消化道吸收，造成动物体生物素缺乏，出现食欲不振、舌炎、皮屑性皮炎、脱毛、体重减轻等。但尚未发现人体生物素缺乏病例，可能源于除食物来源外，人体肠道细菌也能合成生物素之故。生物素在脂肪合成、糖异生等生化反应中具有重要作用。同时，生物素是"秃头一族"的救星，不仅可防治脱发，还能预防少年白发；在维护皮肤健康、预防抑郁及失眠中也扮演着重要角色。

4. 食物来源

生物素是水溶性维生素B群成员之一。肝、肾、酵母、牛乳中含量较多，是生物体固定二氧化碳的重要因素。此外，牛奶、牛肝、蛋黄、动物肾脏、瘦肉、草莓、柚子、葡萄、糙米、啤酒、小麦等食物中均含有生物素。在复合维生素B和多种维生素的制剂中，通常都含有维生素H。常见的富含维生素H的美食有菜肴和果汁两大类。

（1）菜肴

芥末双脆、蟹肉西兰花、芥末菠菜、鱼香腰花、油焖鳝鱼、素炒三丝、蛋黄南瓜、汤煲粥羹、胡萝卜炖羊肉、松花蛋菜粥、清炖萝卜牛肉、银杞明目汤、鸡肝胡萝卜粥、牛肉蔬菜浓汤等。

（2）果汁

芒果葡萄柚汁、芒果柳橙苹果汁、木瓜生姜汁、芦荟柠檬汁、甜橙柠檬汁、杏猕猴桃汁等。

（七）叶酸

叶酸（folacin，FA）为黄色结晶，中性或碱性溶液中对热稳定，易被酸和光破坏。

1. 生理功能及缺乏症

叶酸在体内经还原酶催化形成四氢叶酸（FH_4），这种形式的叶酸是一碳单位转移酶的辅酶，直接参与丝氨酸、甲硫氨酸、组氨酸、胆碱、胸腺嘧啶、某些嘌呤与核苷酸的合成，从而影响核酸及蛋白质的合成。同时，叶酸具有促进红细胞成熟的作用，缺乏时，红细胞成熟延缓、变大、脆性增强，出现巨幼红细胞性贫血。

2. 需要量与食物来源

成人每日约需叶酸400μg。叶酸广泛分布于各种食物中，最丰富的食物来源是动物肝脏，其次为绿叶蔬菜、酵母等，肠菌也能合成叶酸供人体利用，所以人类极少发生缺乏病。

（八）维生素B_{12}

维生素B_{12}（Vit B_{12}）又名钴胺素（cobalamin）或抗恶性贫血维生素，是含金属元素钴的咕啉衍生物，为粉红色针状结晶体。在中性或弱酸性条件下稳定，强酸或强碱中易分解，在阳光照射下易被破坏，但耐热性较好，故一般烹调方法加工食物时不易被破坏。

1. 生理功能与缺乏症

（1）促进红细胞的发育和成熟，维持机体正常的造血机能

维生素B_{12}以辅酶形式参与一碳单位代谢，提高叶酸的利用率，增加核酸和蛋白质的合成，从而促进血细胞的成熟。缺乏时，产生恶性贫血——巨幼红细胞性贫血。

（2）防治脂肪肝

甲基钴胺素是一碳单位的甲基转运者，参与胆碱等化合物的合成。胆碱是磷脂的组成成分，而磷脂在肝中参与脂蛋白的形成，有助于肝中脂肪的运输，故常给肝病患者补给维生素B_{12}，可防治脂肪肝。

2. 需要量及食物来源

维生素B_{12}的需要量极微，一般成人每日需1~3μg。食物来源主要是动物性食品，如肝、肾、肉、海鱼、虾等含量较多，肠菌也能合成。

（九）维生素C

维生素C（Vit C）又名抗坏血酸（ascorbic acid），从化学结构来看，是一种六碳的多羟基有机酸，白色结晶，具有很强的还原性，在酸性溶液中较稳定，易被氧化，对热和碱很不稳定，特别在氧化酶及微量铜、铁等金属离子存在时可加速被破坏。

1. 生理功能与缺乏症

（1）参与某些氧化还原反应

维生素C可保护含巯基酶的活性，保护维生素A、维生素E及必需脂肪酸免遭氧化，清除自由基和某些化学物质对机体的毒害。还可使三价铁还原成二价铁，从而有利于铁的吸收和利用。

（2）促进胶原蛋白的合成

维生素C参与胶原蛋白合成所需的羟化酶组成，而胶原蛋白是细胞间质的重要成分，维持着人体结缔组织及细胞间质结构和功能的完整性。当维生素C缺乏时，可影响胶原蛋白合成，造成创伤愈合迟缓，微血管脆弱而产生不同程度的出血。

（3）提高应激能力

维生素C还参与甲状腺素、肾上腺皮质激素和5-羟色胺等激素和神经递质的合成与释放过程，借此可提高人体应激能力和对寒冷的耐受力。

（4）降低血清胆固醇水平

维生素C参与肝中胆固醇的羟化作用以形成胆酸，从而降低血清胆固醇含量。

（5）增强机体免疫力和抗癌作用

维生素C能刺激机体产生干扰素，增强抗病毒能力。抗坏血酸能阻止一些致癌物的形成，例如其能与胺竞争亚硝酸盐，因而阻止致癌物亚硝胺的产生。

维生素C缺乏时，可引起坏血病。表现为牙龈肿胀出血、皮下出血、贫血；严重者可导致全身内出血和心脏衰竭而死亡。此外，有实验报道，维生素C可加速肌肉中磷酸肌酸与糖原的合成，促进乳酸的消除，减少运动时的氧债，缩短疲劳的恢复时间，有提高运动能力，减轻疲劳的作用，故对运动员十分重要。

2. 供给量

维生素家族中供给量最大的维生素。正常情况下每日维生素C的供给量成人为100mg。国外有规定每1000kcal热量需要摄入维生素C 30mg。受伤后或处于应激状态时（如高温、缺氧、寒冷、有毒等环境）供给量均需提高。

3. 食物来源

维生素C主要来源于新鲜蔬菜和水果，如青菜、韭菜、菠菜、青椒、花菜、柑橘、鲜枣、草莓、山楂等含量尤其丰富。维生素C易受储存和烹调破坏，所以蔬菜水果应尽可能保持新鲜、生吃。

4. 维生素C与运动能力

迄今为止，维生素C的作用尽管还未被人们完全认知，但人们已知其在胶原蛋白、肾上腺素以及肾上腺皮质激素合成中的效能。同时，维生素C在氢离子转移系统中发挥重要作用，也是体内重要的抗氧化剂，有助于细胞内氧化降解过程的进行，并可促使机体对铁的吸收。维生素C的这些作用对运动能力会产生一定影响。有人建议给运动员增供维生素C以补充由于运动刺激而造成的维生素C的损失，以此促进组织水平上氧气的释放，降低氧债或有助于机体吸收更多的铁。但也有研究报告显示，增供维生素C对运动能力毫无益处。可见，在维生素C与运动能力相互关系的研究上，目前尚无一致结论，后续同类研究应该兼顾机体维生素C贮备量与实验时间的问题。

第五节 无机盐

无机盐是指在地壳中存在的一些天然元素，也称矿物质。组成人体的元素有数十种，这些元素在人体内的含量，以及人体对它们的需要均不同。为便于研究，将其中占人体重量0.01%以上，每日需要量在100mg以上的元素称为常量元素，又将其中的碳（C）、氢（H）、氧（O）、氮（N）等元素称为宏量元素。常量元素在体内的生理功能主要有：①构成人体组织的重要成分；②在细胞内、外液中与蛋白质一起调节细胞膜的通透性，控制水分，维持正常的渗透压和酸碱平衡，维持神经肌肉兴奋性；③构成酶的成分或激活酶的活性，参与物质代谢。由于各种常量元素在人体新陈代谢过程中，每日都有一定量随各种途径排出体外，因此必须通过膳食补充。

人体中含量占体重万分之一以下（<0.01%）的元素称微量元素，含量小于体重十亿分之一的元素又称为超微量元素，泛称微量元素。微量元素含量虽微，但与生长、发育、营养、健康、疾病、衰老等生理过程关系密切，是重要的营养素。在微量元素中，有一部分必须通过食物摄入，称之为必需微量元素。人体必需微量元素的生理功能主要为：①酶和维生素必需的活性因子；②构成某些激素或参与激素的作用；③参与核酸代谢；④协助常量元素和宏量营养素发挥作用，常量元素借助微量元素起化学反应。如含铁血红蛋白可携带并输送氧到各个组织，不同微量元素参与蛋白质、脂肪、碳水化合物的代谢。

必需微量元素主要来源于食物和水，缺乏和过量都会对人体产生危害，并成为某些疾病的重要病因。必需微量元素有一定的推荐摄入量（RNI）或适宜摄入量（AI），也应有可耐受最高摄入量（UL）。

1990年，FAO、IAEA、WHO三个国际组织的专家委员会重新界定必需微量元素的定义，并按其生物学的作用分为三类。①人体必需的微量元素：碘、锌、硒、铜、钼、铬、钴及铁，共8种；②人体可能必需的微量元素：锰、硅、硼、钒及镍，共5种；③具有潜在的毒性，低剂量时可能具有人体必需功能的微量元素：氟、铅、镉、汞、砷、铝及锡，共7种。

一、钙

钙是体内含量最多的元素之一，约占体重的2%。钙不仅是构成骨组织的重要矿物质成分，而且在机体多种生理生化过程中起重要作用。成人体内含钙约1200g，其中99%与磷形成骨盐沉积于骨骼和牙齿中，其余则以游离或结合形式存在于体液和软组织中，统称为混溶钙池。血清钙的正常浓度为2~5nmol/L（9~11mg/dl），离子钙47.5%，蛋白结合钙46%，柠檬酸钙1.7%，磷酸钙1.6%，离子钙与蛋白结合钙间可迅速平衡，对维持正常的神经肌肉及内分泌功能有重要意义。

（一）吸收、排泄与储存

钙的吸收主要在十二指肠与空肠上段，是一个耗能的主动吸收过程。机体根据需要调节钙的吸收。当机体钙的需要量高或膳食钙低下时，肠道钙的主动吸收最活跃。在小肠的其他部位，钙还可能通过被动的离子扩散吸收，这一过程不依赖维生素D的作用。

同时，钙的吸收与年龄有关，随年龄增长其吸收率下降，婴儿钙的吸收率约75%，儿童约40%，成人约20%左右。40岁以后，钙的吸收率逐渐下降，所以老年人易发生骨质疏松。影响钙的吸收因素有很多，主要有以下几方面。

1. 钙的水平

膳食中钙的水平、钙摄入量与肠道中钙主动运载有一定关系。随着钙摄入量的增加，其吸收率相应降低。

2. 阻抑钙吸收的因素

植物性食物中的植酸，某些蔬菜如菠菜、苋菜、竹笋等中的草酸，一些食物中含有过多碱性磷酸盐等，可在肠腔内与钙结合成不溶解的钙盐，减少钙的吸收。膳食纤维中的糖醛酸残基可与钙结合，当脂肪过多或脂肪消化不良时，未被吸收的脂肪酸与钙结合形成脂肪酸钙，会影响钙的吸收。此外，抗酸药、四环素、肝素以及应激状态、甲状腺素、肾上腺皮质激素的合成均不利于钙的吸收。

3. 促进钙吸收的因素

维生素D是促进钙吸收的主要因素。凡能降低肠道pH值或增加钙溶解度的物质均可促进钙吸收。某些氨基酸如赖氨酸、色氨酸、精氨酸等，可与钙形成可溶性钙盐，有利于钙吸收；乳糖可与钙螯合成低分子可溶性物质，促进钙的吸收。此外，膳食中钙、磷的比例，对两者吸收亦有影响：儿童以2∶1或1∶1，成人以1∶1或1∶2为宜；当人体钙的需要量增加、妊娠、哺乳、青春期及妇女接受激素治疗后，钙的吸收率均增高。另外，青霉素、氯霉素和新霉素会促进钙的吸收。

正常成人尿中排出的钙为80~250mg/d，即20~62.5mmol/d，尿钙量与摄入的糖及蛋白质量存在一定正相关关系，而与摄入或吸收钙量的正相关不明显。膳食中每增加50g蛋白质，则可丢失60mg尿钙。因此，成年人高蛋白质膳食、患者滴注氨基酸或葡萄糖均可诱发负钙平衡。摄入磷增多可促进甲状旁腺素分泌，致使肾小管重吸收钙增强而减少尿钙。成人每天通过肠液、胆汁由肠道排出的内源性钙约为150mg（37.5 nmol），其中约30%再吸收，故实际排出每日约100mg。

可见，人体可依据生理需要及膳食中钙的摄入量，通过甲状旁腺素、降钙素和维生素D调节钙的吸收、排出及储存，维持体内钙稳态。骨骼是体内含钙量最多的组织，也是钙的主要储存部位。当人体短期处于负钙平衡时，经骨钙动员，尚可维持正常血钙水平，不致影响其正常代谢，若长期处于负钙平衡，则可影响骨骼的正常发育与健康。

（二）生理功能与缺乏症

1. 钙的主要生理功能

（1）参与骨骼、牙齿及混溶钙池的构建

骨骼和牙齿中的钙约占总量的99%，多以羟基磷灰石[$Ca_{10}(PO_4)_6Ca(OH)_2$]形式存在。剩余的1%，一半与柠檬酸螯合或与蛋白质结合，另一半则以离子状态存在于软组织、细胞外液及血液中，组成混溶钙池。混溶钙池的钙肩负着体内正常细胞生理功能的调节重任。混溶钙池与骨骼钙间可实现动态平衡，即在破骨细胞的作用下，骨骼中的钙不断释放出来进入混溶钙池，而混溶钙池中的钙又不断沉积于骨骼中，从而使骨骼中的钙得以不断更新。幼儿骨骼每1～2年更新一次，后随年龄增长而减慢，成人每日约更新700mg钙，全部更新需10～12年。但40岁后骨组织中矿物质逐渐减少，可能出现骨质疏松现象，一般女性出现时间早于男性，体力活动可减缓此过程。

（2）维持细胞的正常生理功能

细胞内的钙离子是对刺激发生反应的重要媒介。胞内钙与钙调蛋白结合可调节诸多生理功能（骨骼肌、心肌的收缩，平滑肌及非肌肉细胞活动及神经兴奋性的维持）。正常人血清离子钙浓度为1.12～1.23mmol/L（4.5～4.9mg/dl）。血清离子钙浓度降低时，神经肌肉兴奋性增强，可引发手足抽搐等症状；血清离子钙浓度过高时，则可损害肌肉收缩功能，导致心脏和呼吸机能衰竭。

（3）参与血液凝固过程

已知至少有四种依赖维生素K的钙结合蛋白参与血液凝固过程，即在钙离子作用下才能完成级联反应，最终使可溶性纤维蛋白原转变成纤维蛋白而凝血。

2. 钙的缺乏症

钙缺乏症是较常见的营养性疾病。小儿缺钙时常伴随蛋白质和维生素D缺乏，可引起生长迟缓，新骨结构异常，骨钙化不良，骨骼变形而发生佝偻病，牙齿发育不良，易患龋齿。成年人缺钙时，骨骼逐渐脱钙，可发生骨质软化。随着年龄增加，钙质丢失现象普遍存在，女性40岁、男性60岁以后都会发生钙质丢失现象。

老年人及绝经后妇女易患骨质疏松症，与下列因素有关：①相对雌激素分泌不足，使骨吸收大于骨形成；②骨质疏松病人骨质转换率往往增高，使骨吸收与骨形成之间关系异常；③钙吸收障碍，主要原因是25-OHD$_3$转变为1,25(OH)$_2$D$_3$的量比正常同龄人减少；④摄入钙量少时，不能通过减低尿钙的排泄来储留身体钙；⑤过低的体力活动量。目前尚无有效方法使流失的骨质恢复，但在雌激素治疗的同时，增加钙摄入量可减缓骨钙丢失。

（三）钙过量

钙过量会增加肾结石的危险性。高钙尿是肾结石的危险因素，草酸、蛋白质、植物纤维摄入量过高是肾结石的相关因素。另外，也会影响必需微量元素的生物利用率，譬如高钙抑制铁吸收，也可降低对锌的利用率。

（四）钙的需要量

测定人体对钙的需要量通常采用钙平衡法。由于各地区蛋白质摄入量不同，故各地区钙摄入量及钙平衡值也不同。一些国家或地区膳食中蛋白质摄入量低，只需摄入400～500mg就可取得钙平衡，未做激素治疗的绝经妇女的钙需要量为每日1200～1500mg。不同生理状态时，如婴幼儿、儿童及青春期、孕妇、哺乳期女性等对钙的需要量增加。中国营养学会提出的膳食钙参考摄入量（DRIs）见表2-12。

表2-12　中国居民膳食钙参考摄入量（DRIs，mg/d）

组别	AI	UL	组别	AI	UL
0～	300	－	14～	1000	2000
0.5～	400	－	18～	800	2000
1～	600	2000	50～	1000	2000
4～	800	2000	孕中期	1000	2000
7～	800	2000	孕晚期	1200	2000
11～	1000	2000	哺乳期女性	1200	2000

（五）膳食来源

奶和奶制品是钙的主要来源，其含量和吸收率均高。虾皮、鱼、海带、硬果类、芝麻酱含钙量也很高。豆类、绿色蔬菜（如甘蓝菜、花椰菜）因含钙丰富、含草酸少，也是钙的较好来源。必要时可补充钙剂，骨粉、蛋壳粉是良好的钙补充品。常用食物中钙的含量参见表2-13。

表2-13 常用食物中钙的含量（mg/100g）

名称	含钙量	名称	含钙量	名称	含钙量
人奶	34	海带	1177	蚕豆	93
牛奶	120	发菜	767	腐竹	280
奶酪	590	银耳	380	花生仁	67
蛋黄	134	木耳	357	杏仁	140
标准粉	24	紫菜	343	西瓜子（炒）	237
标准米	10	大豆	367	南瓜子（炒）	235
虾皮	2000	豆腐丝	284	核桃仁	119
猪肉（瘦）	11	豆腐	240~277	小白菜	93~163
牛肉（瘦）	6	青豆	240	大白菜	61
羊肉（瘦）	13	豇豆	100	油菜	140
鸡肉（瘦）	11	豌豆	84	韭菜	105

（六）营养状况的评价

1.钙平衡测定

钙平衡测定是钙营养状况评价的常用方法，可通过膳食调查方法了解摄入钙的情况能否满足不同状态机体的需要。

2.测定人体血清钙、磷的含量及碱性磷酸酶活力

血清总钙浓度<2.25mmol/L，血清离子钙浓度<1.10~1.23mmol/L（4.5~

4.9mg/dl）为缺乏。当血清钙、磷（mg/dl）乘积＜40，血清碱性磷酸酶活性增高时，均提示钙缺乏。

3. X光摄片

X光摄片若显示儿童骨质软化或佝偻病、老年人及绝经妇女骨质疏松，均提示缺乏钙。国外通过测定不同时期骨骼中钙的变化，以此评判是否长期缺钙。由于缺钙与缺乏维生素D可出现一些相似的生化指标变化及临床表现，因此必须注意鉴别诊断，以便有针对性地给予治疗。

（七）钙与运动的关系

钙在骨骼肌中的重要作用报道较多，但钙与运动的关系研究尚不深入。人体内钙在运动方面的主要作用可归纳为：参与骨骼的构成；调节神经、肌肉组织的能量代谢；触发肌肉收缩和神经兴奋以及参与多种酶的激活作用。体育运动可改善骨代谢，增加骨质和矿物质的含量。

研究显示，运动员需钙较多。有研究报道，运动员与体力活动较少的人相比，每日多需钙1~2.5g。因运动出汗时钙丢失较多，运动员为维持钙平衡，每日将缺少钙0.3~0.5g，以此可推算出每日需要的钙量。对正处于骨骼发育阶段的运动员，给予足够的钙更为重要。

我国运动员普遍存在钙摄入不足的问题，这对那些维持低体重（如体操、长跑等）项目的女运动员尤为不利。调查发现，闭经者中雌激素水平显著低于正常者，雌激素水平下降导致肠道钙吸收减少和尿钙排泄增加，严重者可发生骨质疏松。英国规定，11~24岁的闭经运动员每日钙供给量为1.5g，我国目前尚无闭经运动员每日钙供给量标准。控制体重的女运动员，更应该注意钙的摄取。富含钙的食物主要有牛奶及奶制品、海产品、豆类和蔬菜等。

二、磷

磷是人体含量较多的元素之一，是机体细胞膜及核酸的必需构成物质，也是物质代谢及骨骼体液等构成不可或缺的成分。人类食物中含有丰富的磷，因为无论动物性或植物性食物，均由细胞构成，而细胞都富含磷。动物的乳汁中，如牛奶含磷蛋白和酪蛋白。若食物的蛋白质能满足机体需要就能获得足够的磷，一般合理膳食的磷含量往往超过人体需要，故人体的磷缺乏很少见。

（一）代谢

磷在小肠中段通过协助扩散或主动运输两种机制吸收，活性维生素$1,25(OH)_2D_3$可促进其吸收。机体磷需要量增高和摄入量减少时，可使其吸收率提高，年龄、食物中其他阳离子如钙、铝、锶等的含量以及食物来源等均可影响吸收率。钙、锶、铝等可与磷形成不溶性磷酸盐，减少其吸收。一般年龄越小，磷的吸收率越高，母乳喂养的婴儿吸收率为85%~90%，血清中所含的主要为无机磷。正常细胞外液中的磷浓度随年龄增加而减少，如每100ml细胞外液中磷含量，早产儿为6.9mg，初生儿为6.1mg，1~10岁儿童为4.6mg，成人为3.5mg。血磷调节机制取决于肾小管的重吸收及肾小球的滤过率。肾排出磷的量可变动于滤过量的0.1%~20%，因此是调节血浆磷水平的重要因素。肾重吸收磷的多少则主要受甲状旁腺素（PTH）调节。PTH抑制肾小管对磷的重吸收。肾脏疾患可影响磷的排泄，导致血磷升高和血钙下降，并刺激甲状旁腺，引起继发性甲状腺功能亢进。如甲状腺功能亢进症、急性呼吸性（或代谢性）酸中毒、利尿剂作用等情况下，可能发生血磷升高现象。

（二）生理功能与缺乏症

1. 生理功能

（1）构成骨骼和牙齿的原料

人体骨磷量为600~900g，是钙量的一半，占人体总磷量的80%~85%。

（2）细胞构成成分

细胞内磷大部分是有机磷，是核酸、蛋白质、磷脂等细胞组成成分。

（3）储存能量

体内产能反应中释放的能量以高能磷酸键的形式储存于ATP及CP中，当机体需要时释放，以提高能量的有效利用率。

（4）活化代谢物质

糖和脂肪中间代谢都需先经过磷酸化，然后继续反应。

（5）组成辅酶的成分

它是很多辅基、辅酶的成分，如硫胺素焦磷酸酯、黄素腺嘌呤二核苷酸等。

（6）调节酸碱平衡

经尿排出不同量和不同形式的磷酸盐（磷酸氢二钠和磷酸二氢钠），是机体调节酸碱平衡的一种机制。正常人血清无机磷总量为0.87～1.45mmol/L（2.7～4.5mg/dl），儿童为1.45～1.78mmol/L（4.5～5.5mg/dl）。

2. 磷的缺乏

当膳食中热能与蛋白质供给充足时，磷不会缺乏，磷缺乏是罕见的。磷缺乏常见于使用静脉营养的病人。有些严重营养不足患者，如肠吸收面积的丧失，用静脉补充高渗葡萄糖溶液和氨基酸维持营养平衡，这些溶液中如没有磷，则可出现低磷血症。磷吸收不良可引起耗竭综合征（精神神经症状及运动障碍等），多见于摄入大剂量氢氧化铝抗酸药对象。低磷血症也见于禁食饥饿病人恢复营养供给，尤以高碳水化合物的负荷及以胰岛素治疗糖尿病时为多。

（三）供给量

膳食中热能与蛋白质供给量充足时，磷不会缺乏，且含磷食物广泛，一般不规定供给量，但要保持适当钙磷比例，对需要高钙膳食的人，膳食Ca/P应＞0.5，1.0～1.1较好，1～1.5最为适宜。

（四）膳食来源

磷在食物中分布很广，瘦肉、蛋、鱼、干酪、蛤蜊及动物的肝、肾含量很高。海带、芝麻酱、花生、干豆类、坚果、粗粮含磷也很高（表2-14）。值得一提的是，谷类中磷为植酸磷，不经加工处理，吸收率和利用率均较低。

表2-14 常用食物中磷的含量（mg/100g）

食物名称	含磷量	食物名称	含磷量
杏仁	475	红枣	60
干豆类	463	马铃薯	56
鸡肉	224	龙须菜	52
瘦牛肉	204	芹菜	46
玉米（鲜）	120	胡萝卜	40
牛奶	93	白萝卜	32
花菜	66	扁豆（鲜）	44
樱桃	22		

（五）营养状况的评价

（1）血清磷

通常用血清磷作为评价机体含磷量的常用指标。正常成人血清无机磷总量是0.87~1.45mmol/L（2.7~4.5mg/dl）、儿童为1.45~1.78mmol/L（4.5~5.5mg/dl）。但体内磷只有总量的1%在体液中，所以此指标有片面性。

（2）尿磷

尿中磷水平在正常情况下可反映摄入食物中的磷含量。

（3）核磁共振检查

核磁共振是活体状况下测定机体体液中磷含量的最新技术。

（4）中子活化分析

对人体进行中子活化分析测定活体中磷总量。

（六）磷与运动的关系

运动员磷的每日需要量与钙呈适宜的比例关系。有研究报道，当运动量增加时，可引起磷的负平衡，因此，运动员膳食应增供富含磷酸盐的食品。运动员磷的需要量为2~2.5g/d，力量性和耐力性项目运动员的需要量为3~4.5g/d。

三、镁

镁是细胞内仅次于钾的阳离子元素。正常成人体内含镁20~28g，是必需常量元素中含量最少的一种。其中55%分布于骨骼中，27%分布于软组织中，6%~7%分布于其他细胞中，约1%分布于细胞外液。镁与环磷酸腺苷的生成、激素及生长因子的受体、心肌细胞阳离子通道及维生素D代谢等多种生理功能有关。

（一）代谢、吸收及排泄

镁主要通过协助扩散或主动运输的方式在空肠、回肠吸收，吸收量与摄入量有关，含镁低的膳食吸收率可达76%，而含镁高者吸收率约为40%。有报道称，增加膳食中的镁，可使钙吸收减少；而增加钙摄入并未显著影响镁吸收。另有报道称，摄入过多磷可减少镁的吸收。其他如氨基酸、乳糖有利于镁吸收；而过多草酸、植酸影响镁吸收。高热量、低镁或高钙膳食可导致镁的缺乏。健康成人的镁大量从胆汁、胰液和肠液分泌到肠道，其中60%~70%随粪便排出，少量保留在新生组织中，部分从汗液或脱落的皮肤中丢失，其余随尿排出。肾是排镁的主要器官，每天排泄量为50~120mg，为摄入量的1/3~1/2。

（二）生理功能及缺乏症

1. 镁是多种酶的激活剂

Mg-ATP是蛋白激酶催化多种酶蛋白磷酸化的必需底物。镁所激活的酶，如丙酮酸脱氢酶、己糖激酶、胆碱酯酶等涉及的生化反应和生理功能广泛，如氨基酸活化、蛋白质合成、脂肪酸合成、葡萄糖及其酵解产物的磷酸化等，对能量和物质代谢有十分重要的意义。镁离子浓度降低，可阻止脱氧核糖核酸的合成和细胞生长，蛋白质的合成与利用减少，血浆白蛋白和免疫球蛋白含量降低。

2. 镁参与环磷酸腺苷的生成过程

镁与神经肌肉活动、内分泌调节等过程密切相关。例如，心脏的自动节律取决于细胞内镁离子；此外，神经递质与受体结合、受体与腺苷酸环化酶偶联、G蛋白与腺苷酸环化酶活化、各种类型的钾离子通道调节、钙离子通道的激活与失活、维持细胞内钙离子静止水平与适当活性等均与镁离子有关。

3. 镁是细胞内液主要阳离子

镁与钙、钠、钾一起，和相应的负离子协同，维持体内酸碱平衡和神经肌肉的应激性。镁与钙相互制约保持神经肌肉兴奋与抑制平衡。当血清镁浓度下降，镁钙比例失衡时，易出现激动、心率不齐、神经肌肉兴奋性极度增强现象，在幼儿可发生癫痫及惊厥等症状。

4. 镁是心血管保护因子

镁为维护心脏正常功能所必需。可以预防高胆固醇所引起的冠状动脉硬化；缺镁易发生血管硬化、心肌损害。因增高血清镁浓度可使冠状血管与周围血管舒张，所以补充镁盐可减少心肌梗死的死亡率。

因各种食物富含镁，一般不会发生镁缺乏症。但长期慢性腹泻、厌食、呕吐，静脉输注无镁营养液，透析失镁，糖尿病酮症酸中毒，甲状腺功能亢进，肝硬化，低血钾，高血钙，肾小管酸中毒及使用某些激素、药物等使镁吸收障碍或排出增多时，可出现镁缺乏现象。镁缺乏主要表现在神经系统和心血管系统两方面。常见症状为肌肉震颤、手足抽搐、共济失调、谵妄、昏迷、心律不齐及血压升高等，适当补镁可予以纠正。在肾衰少尿、代谢性酸中毒等情况下，静脉输注或口服抗酸镁制剂等则可引发镁中毒，继而出现血压下降、恶心呕吐、精神改变、呼吸减弱、昏迷、甚至心跳停止等征象，输注钙可对抗镁的毒性。

（三）供给量及食物来源

中国居民镁推荐AI值为成人350mg/d。当患有急慢性肾病、肠功能紊乱、吸收不良综合征，长期服泻药、利尿药或避孕药，以及甲状旁腺手术后，都应增供镁。

植物性食物含镁较多，粗粮、干豆、坚果、绿叶蔬菜中含量比较丰富；此外，肉类、海产品也是镁的良好来源，而精制食品及油脂含镁量最低。

（四）营养状况评价

首先，询问病人有无镁吸收障碍或排出过多的病史；其次，观察病人有无镁缺乏的临床症状，并做镁平衡测定，以此推算摄入与消耗是否平衡；最后，检测血液及组织细胞的镁浓度。虽然镁为多种酶的激活剂，但尚未发现某种酶活力可作为镁营养状况评价的有效指标。

（五）镁与运动

运动员在大强度训练或减重时，特别在高温环境下运动时，镁的丢失量较多，可达10~20mg/h，故运动员对镁的需要量较大。据报道，运动员在比赛期间镁的日需要量约为8mg/kg。

四、钠、钾和氯

（一）钠

钠是人体必需的常量元素之一，是机体中除钾以外的另一个重要电解质。人体每公斤体重含58mmol钠，其中70%存在于骨骼及细胞外液中，需要时从骨骼和结缔组织中动员移出，正常人血浆中钠的浓度为135~142mmol/L。

1. 吸收及代谢

钠作为调味品常随食物被摄入消化管，通过肠道上皮被动进入人体。当低浓度食盐进入十二指肠和空肠时，分泌到肠道中的钠大部分重新被吸收。成人每日肠道的氯化钠吸收量为44g，是食物和消化腺分泌的总和。部分钠通过血液运输到汗液、胃液、胰液、胆汁中。汗液中的钠随出汗排出体外，每日从粪便排出的钠不到10mg，钠主要从肾脏排出，一般成人处于较凉爽的环境，每日随尿排出100～140nmol。

肾脏主要通过肾上腺皮质激素调节钠的代谢，醛固酮缺乏，调节机能紊乱，可使血钠降低，尿中钠排出量增加。造成低钠的其他原因有：①摄入减少或吸收失常，如呕吐、腹泻、饥饿、吸收不良等；②分泌增加，如大面积烧伤，钠可从皮肤丢失；③排出增加，利尿剂，急慢性肾功能衰竭；④水摄入减少，失水，脱水；⑤水排出增加，尿崩症。

2. 生理功能

（1）调节水分

钠主要存在细胞外液，参与维持细胞渗透压。体内水量恒定，主要靠钠的调节，钠多则水量增加，钠少则水量减少。所以，摄入过多的食盐，易发生水肿。

（2）维持酸碱平衡

钠在肾脏重吸收后与氢离子交换，以排出体内酸性代谢产物，保持体液酸碱度恒定。

（3）维持正常血压

钠调节细胞外液容量，维持血压正常。细胞外液钠浓度持续变化，对血压有很大影响。膳食中钠钾比值偏高，可使血压升高，出现血压升高的年龄越轻，预后越差。

（4）加强神经肌肉的兴奋性

钠、钾、钙、镁等离子浓度平衡，维持神经肌肉的应激性，纳能加强神经肌肉的兴奋性。缺钠时可出现食欲不振、恶心、倦怠、头痛、眩晕、心率加快、脉细弱、血压降低、肌肉无力或痉挛。严重缺钠可导致呼吸衰竭、虚脱。

3. 供给量及食物来源

每日膳食摄入量随个人口味而定，一般供给食盐5～15g。另外，味精、酱油、醋等调味品也含钠，水质含钠高的地区的饮食与酒也是膳食中钠的来源。根据中国成年人食盐平衡试验，每人每日约为10g，故食盐供给量以＜10g为宜，有高血压症状的患者宜控制在6g以内。

4. 钠与运动

长跑运动员钠的需要量每日可增至20～25g。按照营养专家的建议，若比赛中失水量没超过3.5L，则不用服盐片。足球运动员比赛时，每小时失水量达7L，适当地补充盐分和水是必要的。

（二）钾

体内的钾70%存在于肌肉中，10%在皮肤中，其余在红细胞、脑髓和内脏中，骨骼中较少。胞内钾含量高于胞外，部分与蛋白质结合，剩余与糖、磷酸盐结合。细胞内外钾不断交换，约15小时达到平衡。成人体内含钾140~150g，每公斤去脂体重含钾2.65g，大部分在细胞内液。血清钾正常浓度是3.5~5mmol/L。

1. 吸收和代谢

膳食中的钾大部分在肠道通过协助扩散被动吸收，小部分通过主动运输被吸收。细胞内、外平衡缓慢，钾在肾小管通过钠、钾交换机制经尿液排泄，仅有小量钾通过粪便排出。人体摄入钾过量时，可出现保护性呕吐反应以阻止其迅速吸收，已摄入的钾随尿液排出体外，故一般健康人不会发生因钾摄入过多而中毒的危险。但肾功能衰竭、酸中毒、创伤、缺氧、机体过度分解状态，以及不适当补钾致高钾血症时，即使无钾摄入，每日随尿排钾约2g，对于不能进食或服用利尿剂的患者，必须注意补钾，以免低钾血症发生。

2. 生理功能

（1）维持心肌功能
钾对心肌营养甚为重要，它协同钙和镁维持心脏正常功能。维持心肌自律性、传导性和兴奋性。

（2）参与新陈代谢
细胞新陈代谢需钾参与，葡萄糖合成糖原、氨基酸合成肌蛋白、腺苷二磷酸转变为腺苷三磷酸等过程均需钾的参与。

（3）维持渗透压
细胞内钾与细胞外钠互相作用、互相制约，保持细胞内、外钾、钠离子一定比例，是维持渗透压相对恒定的重要因素。

（4）维持神经肌肉正常功能

钾能激活肌纤维收缩，引起神经突触释放神经递质，维持神经肌肉的正常生理功能。

（5）降压作用

钾可保持体内适当碱性，有助于皮肤健康及酸碱平衡；钾通过利尿、扩血管等作用改善水、钠潴留，使血压下降。

3. 供给量及食物来源

中国居民膳食钾适宜摄入量为成人2g/d，孕妇、哺乳期女性2.5g/d。钾在所有食物中均存在。植物性食物含量较多，蔬菜、水果中含量甚为丰富，一般不易缺乏。摄入量不足或丢失过多等可引发低钾血症，当血清钾浓度低至3.5mmol/L时，出现倦怠、精神萎靡、烦躁不安症状；低至2.7mmol/L时，可见心律不齐、腹胀、循环衰竭、甚至死亡；但摄入过多或排出减少，又可致高钾血症，当血清钾浓度高至5.5mmol/L时，机体会感到极度疲劳、肌肉酸痛、肢体湿冷、精神迟纯；血清钾浓度>7mmol/L时，可见心搏徐缓、心律不齐、心搏骤停，甚至突然死亡等征象。可见，血清钾浓度可作为机体是否缺钾的评测指标，介于3.5~5.5mmol/L为宜。

4. 钾与运动

钾的实际需要量取决于运动强度和环境温度。一般情况下，运动员钾的需要量每日约为3g，但在大运动量和高温环境下训练时，钾的总排出量为4.0~4.5g/d，最高可达5.9g/d。国外资料报道，运动员在29~30℃环境下跑步，体内钾的丢失量可高达6g/d。因此，运动员钾的日需要量应为3~5g。

（三）氯

氯是细胞外液中的主要负离子，参与维持正常的渗透压和酸碱平衡，是胃酸的主要成分，能激活唾液淀粉酶，有利于淀粉的消化。成人体内每公斤去脂体重含氯化物1.56g，新生儿为2.0g/kg。

1. 吸收和代谢

饮食中氯的钠盐、钾盐和其他金属盐类在肠内吸收，经血液和淋巴液运输到组织。在胃壁细胞中与氢离子结合成胃酸。胆汁、胰液和肠液中也含氯化钠。在肾小管中钠与氯分离,根据机体对重碳酸钠的需要程度,将适量的氯化物以铵盐(NH_4)形式排入尿中,以便用铵换取钠,将钠重新吸收。血中氯化物水平是由钠的水平调节的。当血中钠浓度高时,氯化物也随之增高。氯和钠同样主要从肾和皮肤排出。在剧烈运动或高温下劳动时,汗液排出最大,相当多的氯化钠随汗液排出,如不及时补允,可引起氯浓度降低。

氯的摄入减少、吸收不良、胃液分泌增加、丢失过多(幽门梗阻)、肾脏排出增加(慢性肾功能衰竭)、血液循环障碍(充血性心力衰竭)、调节功能紊乱(醛固酮增多症、肾上腺皮质功能减退症)、酸中毒、血稀释(低血钠)、病理性多汗等原因,都可使血氯低于正常。与此相反,如摄入食盐过多、呼吸性碱中毒、脱水,以及胃肠道重吸收大量氯化钠,则可引起血氯过高。

2. 供给量及食物来源

成人每日需氯约0.5g,食盐、酱油、调味品和腌制酱菜、肉类食品及植物性食品中都含氯。一般不易发生氯缺乏,中国营养学会推荐膳食适宜摄入量成人为3.4g/d。

五、铁

(一)含量与分布

铁(iron)是人体内含量最多的必需微量元素,正常成人体内含铁为4~5g,女性略低于男性。体内铁总量的60%~70%存在于血红蛋白中,约3%分布于肌红蛋白中,约0.3%分布于含铁卟啉的酶(细胞色素、过氧化物酶等)中,这部分具备代谢功能和酶功能的铁称功能性铁。另有30%以运铁蛋白或贮铁(铁蛋白和含铁血黄素)形式存在于肝、脾和骨髓中称为储备铁。

铁是世界性缺乏率较高的营养素之一。据WHO报道,缺铁率在发达国家为1%~20%,在发展中国家为30%~40%。运动员中缺铁的发生率也较高,日本参加蒙特利尔奥运会的运动员32%缺铁。研究表明,剧烈运动不仅使人体内铁丢失增加,而且使铁的消化吸收率降低。可见,铁对人体正常生理功能和健康有很大影响,具有重要的营养学价值。

(二)生理功能及缺乏症

1. 参与氧气和二氧化碳运输

铁是血红蛋白和肌红蛋白的组成成分。在人体内血红蛋白可运输氧气和二氧化碳,肌红蛋白转运和储存氧气,在肌肉收缩时释放氧气以满足代谢的需要。同时,含铁的细胞色素和一些酶类,还参与体内物质氧化分解和能量释放。

2. 参与胶原及抗体的产生

铁缺乏可引起缺铁性贫血。缺铁性贫血是世界性医学和公共卫生学的重要问题之一。

(三)影响吸收的因素

1. 铁的存在形式

膳食中的铁的吸收率约为10%,而铁的吸收率与铁在食物中存在的形式有关,吸收率由高到低依次为:血红素铁>亚铁离子>三价铁离子>胶态铁。

2. 肠道酸碱度

肠道在酸性情况下有利于铁的还原和溶解,故可促进其吸收。

3. 食物成分

柠檬酸、抗坏血酸、维生素A、动物蛋白质、半胱氨酸、铜、果糖、山梨醇等能促使非血红素铁还原成亚铁离子,故促进铁的吸收;而植酸、草酸、鞣酸及高磷低钙食物均能与非血红素铁结合成不溶性盐,则抑制铁的吸收。

4. 体内铁的贮存量及造血速度

当体内储存铁低或造血速度快时,铁吸收率增加,这是因为小肠黏膜细胞有一种或多种与铁结合的特异受体,可根据机体需铁的情况,调节铁的吸收。

（四）供给量与食物来源

按照中国营养学会推荐的适宜摄入量，成年男性为15mg/d、女性为20mg/d。运动员的供给量应较高，20~30mg/d为宜，缺氧和受伤情况下应适当提高供给量。膳食中铁的良好来源是动物肝脏和全血，肉类和鱼类中含铁量也高，植物性食物中以绿叶蔬菜、花生、核桃、菌藻类、菠菜、黑木耳等含铁量较丰富。植物性食物中的铁多为三价铁，吸收率多在10%以下。动物性食物的铁为血红素型铁，吸收率较植物性食物高，而蛋中铁的吸收率仅为3%。

必要时可通过铁强化食物和铁剂补充铁，但必须慎重，因为过量的铁在体内积蓄可造成铁中毒，对健康有害。一般通过正常膳食营养补铁不会引起铁中毒。

（五）铁与运动

运动员缺铁性贫血的发生率较高，由于铁与体内氧的运输以及多种生物氧化过程有关，所以铁营养不良可降低机体的运动能力和耐力。运动导致机体缺铁的主要原因为铁摄入不足和吸收减少，训练使铁的丢失增加。可见，运动会增加运动员铁的需要量。运动员推荐的每日铁供给量：在常温下训练，男性为20mg，女性为25mg；在高温下训练，男性为25mg，女性为30mg。青少年运动员、耐力性运动的运动员、女运动员和控制体重的运动员，均为缺铁性贫血的高发人群，应加强医务监督。

改善运动员的铁营养状况，最好选择富含铁的食物来解决。膳食中铁的良好来源为动物肝脏、蛋黄、豆类、芝麻、黑木耳、猪血以及某些蔬菜（芹菜、韭菜等）。

六、锌

20世纪60年代，伊朗农村发现了一种"伊朗侏儒症"。患此症的儿童身材矮小，发育不健全。营养学家随后发现，这些症状源于缺锌，给予补锌后，症状随之消失。通过此次真实病例，锌在营养学上的重要作用才逐渐被人们所认识。

（一）含量与分布

正常成人含锌（zinc）为1.4~2.3g，是除铁以外体内含量最多的一种必需微量元素。主要分布在肌肉、骨骼和皮肤等处。头发、视网膜、前列腺、精子等含锌量也较高。

（二）生理功能

1. 参与酶的构成及功能

锌是许多金属酶的组成成分或一些酶的激活剂，已知锌参与18种酶的合成，并可激活80余种酶。许多研究提示，锌是DNA、RNA聚合酶呈现活性所必需的微量元素，锌参与DNA和蛋白质的合成。锌缺乏可导致DNA、RNA和蛋白质的合成停滞，使细胞分裂减少，从而影响胎儿的生长发育和性器官的正常发育。

2. 增强机体免疫力及智力

锌能促进淋巴细胞的有丝分裂。T细胞为锌依赖细胞，锌能促使T细胞的功能增强，使补体和免疫球蛋白数量增加，也可促使机体增强免疫力和抗自由基侵袭的能力。锌是胱氨酸脱羧酶的抑制剂，也是脑细胞中含量较多的微量元素，可使脑神经兴奋性提高、思维敏捷。运动员缺锌会使运动成绩下降，机体机能降低。

3. 加速创伤愈合，促进食欲

锌为合成胶原蛋白所必需的微量元素，故能促进皮肤和结缔组织中胶原蛋白的合成。可加速创伤、溃疡、手术伤口的愈合。唾液蛋白是一种味觉素，也是含锌的蛋白质，当机体缺锌时，此种蛋白质合成减少，进而影响味觉和食欲。

4. 促进维生素A代谢，提高夜视力

锌为视黄醛酶的成分，该酶可促进维生素A合成和转化为视紫红质，故缺锌时暗适应能力下降，夜视力将受影响。

（三）需要量与食物来源

正常成人需要量为15.5mg/d或0.3mg/kg。锌的最佳来源是海产品中蛤贝类，肉类、蛋类、豆类、菇类、硬果类等食物中含量也较丰富。谷类食物不仅含锌量较低，且因含较多的纤维素和植酸使其吸收率下降。

七、铜

（一）含量与分布

成人体内铜（copper）含量为100~150mg，以肝、脑、肾、心含量最高，其次为肺、肠、脾，肌肉和骨骼中最低。血浆中的铜大部分（90%）与载体蛋白结合成铜蓝蛋白。铜的吸收机制与铁、锌类似，即借助肠黏膜细胞中的载体蛋白，铜、锌之间的拮抗作用可能与竞争共同的载体蛋白有关。

（二）生理功能与缺乏症

1. 氧化酶的组成成分

已知有11种含铜的金属酶，且都是氧化酶，如细胞色素氧化酶、过氧化氢酶、酪氨酸酶、单胺氧化酶等，铜缺乏的动物可见到心血管系统和神经系统的损害与细胞色素氧化酶活性降低有关；毛发色素消失则与酪氨酸酶活性降低有关。

2. 促进组织中铁的转移和利用

铜是血浆铜蓝蛋白的成分，后者是铁的运输形式，当血浆铜浓度低下时，铜蓝蛋白活性降低，使铁蛋白中铁的利用受阻，导致肝内铁储积，发展成含铁血黄素，使人易患沉着性贫血。

3. 催化血红蛋白的合成

血红蛋白合成必须要有铜的参与，它能使高铁血红蛋白转化为亚铁血红蛋白。

4. 清除自由基，抗衰老和癌

铜参与体内超氧化物歧化酶（SOD）、细胞色素氧化酶等的构成。SOD可催化过氧阴离子发生歧化反应，是体内氧自由基的重要清除剂，从而保护机体免受超氧阴离子的损伤，具有抗衰老和抗癌作用。

（三）需要量与食物来源

成人铜需要量为2～3mg/d或30μg/kg，一般膳食都含有铜，尤以肝、肾、甲壳类、硬果类、干豆类、芝麻、绿叶蔬菜等食物中含量较丰富。

八、氟

（一）含量与分布

正常成人体内含量约为2.6g。人体组织以骨骼含氟量最多，其次是牙齿、指甲和毛发。

（二）生理功能与缺乏症

氟可预防龋齿和老年性骨质疏松症。氟的存在使骨质稳定性增加，因为氟可取代骨骼中羟基磷灰石结晶体的氢氧根离子，这种氟磷灰石晶体颗粒体积大，而且结构完善，在酸中溶解度降低，它在牙釉质表面的浓度很高，形成保护层，能抵抗酸的腐蚀，并抑制嗜酸细菌的活动和拮抗某些酶对牙齿的不利影响，有防龋作用。适量的氟有利于钙和磷的利用及其在骨骼中的沉积，可加速骨骼形成，增加骨骼的硬度。

缺氟后，牙釉质中氟磷灰石形成受阻，使釉质结构疏松，易被微生物、有机酸及酶的作用侵蚀损坏而发生龋齿。在低氟地区，常可见到老年性骨质疏松症。在高氟地区，长期饮用含氟量超过1.2mg/L的水，会引起氟中毒，会出现牙齿珐琅质被破坏，牙齿表面原有光泽逐渐消失，继而出现灰色斑点、变脆，此称斑釉病。近年来通过实验发现，氟可加速伤口愈合和铁的吸收，但机理尚未明确。

（三）供给量与食物来源

氟的供给量以能预防龋齿、又不造成氟中毒为依据，成人约为1.5mg/d，可耐受最高摄入量为3.0mg/d。氟主要通过饮用水获得，植物性食物中含氟量较丰富，尤其是茶叶，故茶水是含氟最高的饮品。

九、碘

（一）含量与分布

成年人体内含碘（iodine）为20～50mg，其中约20%存在于甲状腺。

（二）生理功能与缺乏症

碘在体内参与甲状腺素的合成，而甲状腺素对蛋白质的合成、能量及水盐代谢均有重要影响。因此，碘与机体正常生长发育有密切关系。成人缺碘可引起甲状腺肿大（地方性甲状腺肿），儿童缺碘可导致患上呆小症。

（三）需要量与食物来源

成人需碘量100～300μg/kg，在地方性甲状腺肿流行地区补碘量还应提高。机体所需的碘可从饮用水、食物及食盐中获得，这些物质中的含碘量主要取决于各地区的生态、地质及化学状况，一般情况下，远离海洋的内陆山区，其土壤和空气中含碘较少，水和食物中含碘量也不高，可能成为地方性甲状腺肿的高发区。碘的重要食物来源是海产品，经常吃富含碘的海藻、海带、紫菜、海鱼等海产品可预防此病的发生。

碘缺乏症是一种世界性地方病，我国是世界上碘缺乏危害最重的国家之一，除沿海地区和大城市外，多数省份都有该病的流行。碘缺乏病是我国重点防治的地方病之一。因此，食盐强制加碘是预防我国地方性甲状腺肿的重要举措。

十、硒

20世纪40年代，人们曾认为硒有较大毒性，甚至是致癌物质；新近的研究结果恰恰与之相反，认为硒是维持人体健康、防治疾病不可或缺的营养素之一，且有抗癌作用。

（一）含量与分布

成人体内含硒为14~20mg，广泛分布于各种组织及器官中，在肝、胰、肾、心、脾、指甲及头发中浓度较高。

（二）生理功能

1. 维持细胞膜结构和功能的完整性

硒是谷胱甘肽过氧化物酶（GPX）的组成成分，GPX与维生素E作用相似，具有抗氧化性，尽管作用部位不同，但在清除细胞内的过氧化物方面具有协同性，共同保护细胞膜不受过氧化物的侵害。具体作用机制可能是维生素E可阻止不饱和脂肪酸被氧化成水合过氧化物，而GPX则将产生的水合过氧化物迅速分解成醇和水，两者相互协同，共同保护细胞膜的完整性。

2. 预防克山病和大骨节病

克山病是一种以心肌坏死为特征的地方性心脏病。此病始见于黑龙江省克山县，故命名为克山病。随后，我国学者从病人心肌中分离出硒蛋白，提示硒是心肌代谢不可缺少的微量元素。令人不解的是，这种硒蛋白在缺硒的动物心肌中并未找到，但缺硒动物心肌功能会不全乃至坏死。大骨节病为慢性畸形性骨关节病，主要侵犯四肢骨与关节，病人指短、关节增粗，有时肘关节不能完全伸直。若用亚硒酸钠预防和治疗这两种病，均可收到良好的效果。

3. 促进抗体的合成，增强机体免疫功能

硒能够增强免疫系统对侵入人体的病毒、异物及体内病变的识别能力；促

进免疫系统中B细胞合成抗体、促使T细胞的增殖、提高血液中的抗体水平。

4. 具有抗肿瘤作用

硒具有调节癌细胞的增殖、分化及使恶性表型逆转的作用，并能抑制癌细胞浸润、转移以延缓肿瘤的复发。因此，硒对多种癌有一定的预防和辅助治疗作用。调查结果表明，机体硒含量与癌症的发病率呈负相关。

5. 抵御毒物对人体的危害

硒与金属有很强的亲和力，在体内与汞、甲基汞、镉及铅等结合形成金属硒蛋白复合物而解毒，并使金属排出体外。动物实验还发现，硒可降低黄曲霉素的急性损伤，还可降低肝小叶的坏死程度和死亡率。

6. 促进生长和保护视觉器官的健全功能

实验表明，硒为机体生长与繁殖所必需，缺硒可致机体生长迟缓。同时，硒参与辅酶A和泛醌的合成，在三羧酸循环和呼吸链电子传递中发挥一定的作用。白内障患者与糖尿病失明者补充硒后，发现视觉功能有所改善。

（三）需要量与食物来源

正常成人体内需硒量约为$5\mu g/d$，可耐受最高摄入量为$400\mu g/d$。在海产品、鱼、蛋、肾、肉、大米及粮谷类食物中含硒较多，而蔬菜、水果含硒较低。食品中含硒量不仅与产地有关，也与食品加工工艺及过程有关。贫硒地区的粮食和蔬菜缺硒是导致人体缺硒的重要原因。另外，因硒能取代活性物质中的硫，并抑制某些酶的活性，故硒过量会引起中毒，表现为脱发、脱甲、乏力及某些精神症状等。值得注意的是，硒是人体中需要量最少的必需微量元素，也是毒性最大的元素。

第六节 水

水是人体最重要的组成成分和不可缺少的营养物质。人们常说"鱼儿离不开水"，其实人也是离不开水的。当饥饿或长期不能进食时，体内贮存的糖类几乎耗尽，蛋白质也失去一半时，人体仍可勉强维持生命，但若体内的水分损失20%时，人体则无法存活。人体各部分无一不含有水分。水在人体内的含量随年龄、性别而异，年幼者所含水分高，随着年龄增长，水分也相应减少。成年男子水分占体重的55%～65%，女子占45%～55%，这种性别之间的差异与体内脂肪含量多少有关。

一、水的营养功用

1. 构成人体组织

成人体重的1/3是由水组成的。血液、淋巴、脑脊液含水量高达90%以上；肌肉、神经、内脏、细胞、结缔组织等含水量为60%～80%；脂肪组织和骨骼含水量在30%以下。

2. 参与物质代谢

水是良好的溶剂，许多营养物质都必须溶解于水中才能发生化学反应；水的电解常数高，可促进电解质的电离，电离后生成的离子才容易引发化学反应；水在体内还直接参加氧化还原反应，如水解、加水、脱水等反应，促进体内各种生理活动和生化反应。没有水，一切代谢活动就无法进行。

3. 运输物质

水有较大的流动性，在消化、吸收、循环和排泄过程中协助营养素和代谢废物的运输。

4. 调节体温

水的比热容大，蒸发热大。由于水的蒸发热大，只需蒸发少量的水就能散发较多的热。这一性质有利于人体在炎热的季节或环境温度高时，通过蒸发散热来维持体温的正常。由于水的比热容大，使血液在流经体表部位时，不会因环境温度的差异导致血液温度发生大的改变，有利于保持体温的恒定。

5. 润滑作用

水作为关节、肌肉和脏器的润滑剂，维护其正常功能，例如唾液有助于食物吞咽；泪液防止眼球干燥；关节滑液可减少运动时关节面的摩擦。

二、水平衡

人体在正常情况下，经皮肤、呼吸道以及尿液和粪便的形式使一定数量的水分排出体外，因此应当补充相当数量的水，才能处于动态平衡。每人每天排出的水和摄入的水必须保持基本相等，这称为"水平衡"（water balance）。体内水的排泄途径有肾、肺、皮肤和消化管等，其中以肾的排出最为重要。肾在排水的同时，对水有重吸收作用。正常成人每日排出的水受饮食状况、生活环境、劳动强度等多种因素的影响，有较大的变动，一般为2500ml左右（表2-15）。

表2-15 成年人每日水代谢情况

	摄入与排出	每天的毫升数
摄入	固体食物中的水	1115
	饮水	1180
	代谢水	279
	总摄入	2574
排出	尿液	1295
	粪便中的水	56
	从肺及皮肤蒸发的水	1214
	总排出	2565
	水平衡	+9

要维持体内的水平衡，须不断补充水分。体内水的来源主要有三个方面：一是糖类、脂肪、蛋白质三大营养素代谢过程中产生的水分（代谢水）；二是食物中含有的水（食物水）；三是饮料水。其中饮料水是人体所需水的主要来源，代谢水和食物水变动较小，多以饮料水进行调节。饮水宜少量、多次饮用至无口渴感为佳。

水的摄入与排出须保持平衡，否则会出现水肿或脱水。人体缺水或失水过多时，表现为口渴、黏膜干燥、消化液分泌减少、食欲减退、各种营养素代谢缓慢、精神不振、身体乏力等症状。当体内失水达10%时，很多生理功能受到影响，若失水达20%时，生命将无法维持。事实上，人若绝食1~2周，只要饮水，尚可生存，若断绝饮水，生命只能维持数天。然而，人若饮水过多，会稀释了消化液，对消化不利，故用餐前后不宜过多饮水。

三、运动与水

人体通过下丘脑调节产热和散热过程达到恒温，借以维持内环境稳态，这一过程称之为体温调节（thermoregulation）。出汗是重要的散热过程之一，机体在剧烈运动时出汗较多，据悉一次大强度运动可出汗2~7L，而且随着环境温度和湿度的变化，出汗量也不断变化。大量排汗使人体失去较多的水分和一些电解质，若丧失的水分和电解质得不到及时补充，则会损害人体健康并降低运动能力。

（一）脱水及其症状

在高温环境和大幅产热的情况下，出汗是体温调节中的重要途径。大量出汗可致人体脱水，机体降温能力随之下降、体温升高、循环衰竭；脱水可引发机体产生一些生理障碍，如血容量减少、循环血量下降、肌肉供血不足，体温调节能力下降；为了维持一定的心输出量，心脏只能通过增加心率来代偿，心脏负担因此加重。大量脱水还可造成水电解质紊乱、引发中暑（sunstroke），乃至死亡。

脱水的主要表现为口渴、心率加快、体温升高、疲劳及血压下降等。随着脱水程度的加重还会出现呼吸频率增加、恶心、厌食、易激怒、肌肉抽搐、精神活动减弱和昏迷等症状，对健康产生严重威胁。另外，脱水还可导致肾脏缺血性损害，引起少尿、无尿及血尿等。运动员脱水时，最大吸氧量减少、维持最大吸氧量的时间明显缩短。训练水平高的运动员对脱水的适应能力较强。

运动员中暑时，可见体温升高、面红、头痛、脉搏快速而柔弱、晕厥等，严重者可致死亡。因此，早期一旦发现这些症状，应立即采取降温措施、及时就医。

（二）补水的原则与方法

1. 原则

运动员补充水分应遵循水平衡和少量多次的原则。如果补水太多、太急，热环境下反而会增加出汗量,导致水分和电解质进一步丧失。同时,短时间内的大量补水,还会稀释胃液、使胃腔扩张,影响胃肠蠕动和呼吸;使血容量增加,加重心脏及肾脏负担;使无机盐和维生素等大量丢失,导致神经肌肉机能降低,形成恶性循环。

人体在运动中最需补水,运动饮料(athletic drink)是重要的补水载体。能源物质的补充和血糖水平的维持均需要一定量的糖,而饮料中糖的浓度会影响其在胃内滞留的时间及入血速度,低渗饮料(葡萄糖浓度<5%)通过胃的时间较短。因此,在炎热且大量出汗的情况下,糖的浓度以2.5%为宜;在寒冷环境下运动时,机体失水量不大,饮料的糖浓度可增加到5%~15%。

汗液属低渗(hypotonic)性液体,短时间运动无需补充无机盐。在出汗脱水的情况下,血液被浓缩,如过多补充电解质,会提高血液的渗透压,对机体散热不利。当长时间运动(数小时)时,体内电解质丢失过多,则需适当补充。与之相适应,运动饮料也应该是低渗的,应添加与汗液成分相同的钠盐。关于这一点,目前尚无统一规定,饮料中糖浓度8%左右、钠盐230~575mg/L为宜。

可见,运动饮料的选择应与运动项目相适应。一般认为,在持续80分钟内的运动中,补充一般饮用水即可;而在长时间运动中,应补充含糖饮料;超长时间的运动(如马拉松、铁人三项等),则需补充含糖和电解质的饮料。

2. 方法

补液的方法:运动前15~20分钟时补液400~700ml;运动中每15~30分钟补液100~300ml,每小时补液量<800ml为宜;运动后补液也应以少量多次为原则,运动中的汗液丢失量应在次日早晨得到基本恢复。需要指出的是,补液不能以口渴作为指征,运动员感觉口渴时,提示机体已失去约3%体重的汗液;如根据口渴感觉进行补液,需要48小时才能补足失去的水分,这对健康和运动是不利的。长距离运动途中饮料的安排,应按照竞赛规定设置饮料站,一般在距起点15000米处设第一站,以后每隔5000米设一站。

第三章　合理营养

合理营养（rational nutrition）源自平衡膳食，是人体健康的物质基础，旨在促使人体正常生长发育，维持各组织器官的正常活动，提高人体对疾病的抵抗力和工作效率，延长寿命。其基本要求是：①供给人体必需的热能和营养素。②膳食要易于消化吸收，应色、香、味俱全和有一定的饱腹感，并做到饭菜多样化。③具有合理的膳食制度及良好的进食环境，做到整洁卫生。④食材新鲜、干净、无毒无害。⑤食物加工和烹调过程中，须达到无害化的要求。

第一节　平衡膳食

平衡膳食（balanced diet）亦称健康膳食，是指膳食中所含营养素种类齐全、数量充足、比例适当，且与人体的需要保持平衡。

一、各营养素的合理构成

该构成必须能满足机体对各种营养素的需要，有足够的热能、适当的蛋白质和膳食纤维、充分的无机盐、微量元素和水。需密切关注各营养素之间的平衡，具体供给量可参照有关的营养素供给量标准，同时还要具备下列条件。

（一）热能营养素平衡

人体的三大热能营养素分别是糖、脂肪和蛋白质。在日常膳食中，不仅含量高，而且代谢过程中相互关系也很密切，尤其糖和脂肪对蛋白质的节省作用明显。若膳食中蛋白质供给量不足，仅提高糖和脂肪的供给量，也无法维持正常的氮平衡。可见，只有蛋白质的供给量满足最低需要量时，提高糖和脂肪的供给量，才能充分发挥它们对蛋白质的节省作用；同理，当糖和脂肪的供给量满足最低需要量时，蛋白质才能充分发挥作用。一般认为，糖、脂肪和蛋白质最佳供能比例分别为：55%～65%、20%～25%和10%～15%。此外，缺乏膳食纤维会使某些生理机能失调，并成为导致某些疾病的原因，但膳食纤维过多则会影响其他营养素的吸收，故要适量。

（二）蛋白质中氨基酸平衡

蛋白质是体内唯一的氮来源。平衡膳食要求蛋白质所含的8种必需氨基酸种类齐全、数量充足、比例适当，且含有一定量的非必需氨基酸。必需氨基酸与非必需氨基酸的比值以4∶6为宜。

（三）脂肪酸平衡

脂肪酸包括饱和脂肪酸和不饱和脂肪酸两类。人体的必需脂肪酸是多不饱和脂肪酸，在植物油中含量较高，而动物性食物主要含饱和脂肪酸。平衡膳食除了维持脂肪供能的比例，还应增加不饱和脂肪酸的供给，以必需脂肪酸供能占总热量的2%为宜，每日摄入的植物性脂肪应占脂肪摄入总量的2/3，且植物油的摄入量要大于10g，只有这样才能维持不饱和脂肪酸与饱和脂肪酸之间的平衡。

（四）矿物质各元素之间的平衡

矿物质中，因钙、磷对人体的生长发育和健康影响较大，所以膳食中的钙、磷比例成年人1∶1.5、儿童1∶1为宜。同时需要注意的是，过量的铜、钙和亚铁离子可抑制锌的吸收。铁与铜在造血过程中起协同作用，铜缺乏可导致铁不能有效进入血红蛋白分子，继发缺铁性贫血。此外，脂肪过多可影响钙和铁的吸收等。

（五）维生素和其他营养素之间的平衡

维生素B_1参与体内糖代谢，核黄素和尼克酸在生物氧化过程中具有递氢作用，故当膳食热能摄入量较高时，维生素B_1的摄入量也要相应增加，核黄素和尼克酸摄入量也应随之而变。维生素D可促进钙、磷的吸收代谢和利用。维生素C能促进铁的吸收和利用等。动物实验提示，维生素E能促进维生素C在肝内的储存，维生素B_1、维生素B_2能促进维生素C的合成等。某种维生素的缺乏或不足可影响其他维生素的代谢。如缺乏生物素，会引起泛酸缺乏；缺乏维生素B_1，会影响维生素B_2在体内的利用等。

二、食物构成

根据目前国人的膳食状况，日常膳食可归纳为以下四类：粮谷类；肉、蛋、奶、鱼及豆类；蔬菜、水果类；油脂类。

（一）粮谷类

粮谷类食物是我国人民的主食，通常指小麦、大米、小米、玉米、大麦及其加工品，是热能、蛋白质及B族维生素的主要来源。日常膳食中，每日至少应摄入三种粮谷类食物，占进食量的30%～40%。不宜长期食用过于精细的大米、白面，穿插食用杂粮，如糙米等。薯类食物因蛋白质含量低，不宜作为主食。

（二）肉、蛋、奶、鱼及豆类

这类食物包括肉类、蛋类、奶类、鱼类、大豆及其制品等，是优质蛋白质的主要来源，也是许多维生素和无机盐的重要来源，可与粮谷类食物所含蛋白质发生互补作用，以提高混合膳食中蛋白质的营养价值。日常膳食中，占膳食总量25%～30%为宜。在动物性食物中，应多选择蛋白质含量较高、脂肪含量较低且耗粮较少的禽、蛋、奶、鱼类及食草动物，尽量减少猪肉类食品的摄入量。

（三）蔬菜、水果类

蔬菜、水果种类繁多，是维生素、无机盐和膳食纤维的主要来源，也是日常膳食的主要副食品；水果还能提供一些果胶和有机酸，有利于食物的消化。同时，因粮谷类和动物类食物多为酸性食物，蔬菜、水果类多为碱性食物，补充足够的蔬菜、水果才能保持饮食的酸碱平衡，防止发生饮食性酸中毒。蔬菜和水果摄入应占膳食总量的30%～40%为宜，一般成年人每天应摄入500g左右的蔬菜和200g左右的水果。且品种要多样化，有色蔬菜和叶菜类应占50%左右。

（四）油脂类

油脂类主要提供热能和必需脂肪酸，且能促进脂溶性维生素的吸收，在膳食中应占3%左右。每天应摄入15g以上的优质植物油，要严格控制动物性脂肪的摄入量，过多的饱和脂肪酸，将导致心脑血管疾病。

另外，除了各类食物的比例要协调外，在考虑饮食习惯的前提下，中国菜品种繁多、花样各异，食物的搭配显得异常重要，如凉热搭配、主副食搭配、粗细粮搭配、荤素搭配、咸淡搭配、口味搭配等。

三、合理的膳食制度和进食环境

合理的膳食制度，即合理地安排一日的餐次、两餐间隔的时间、每餐的数量与质量，使进餐与日常作息制度及生理状况相适应，与消化规律相协调，从而提高对食物的消化、吸收和利用程度，提高劳动者的工作效率，并有利于人体健康。

（一）合理膳食制度的重要性

每个人的日常作息时间不同，决定了其一天内不同时间对热能和营养素的要求也不同，所以根据进食者的具体情况，规定适合其生理需要的膳食制度是很重要的。一旦膳食制度确定，食用者形成相对固定的膳食习惯，就形成了条件反射。只要接近或到达进餐时间,机体就会产生良好的食欲,并预先分泌消化液,保证食物的充分消化、吸收和利用。如果膳食制度不合理,一日餐次过多或过少,各餐间隔时间过长或过短,都会影响食欲或造成消化系统功能紊乱。

合理健康的膳食原则如下:
①食用者餐前没有明显的饥饿感,但有正常的食欲。
②摄取的营养素能被机体充分地消化、吸收和利用。
③能满足食用者生理和劳动的需要,保证健康的生活和工作。
④尽量与食用者的工作制度相适应,有利于生产、工作和学习。

(二)合理的膳食制度

膳食制度主要包括餐次与食物的分配,每日餐次要因人而异。

1. 两餐间隔的时间

两餐的间隔时间要合理,间隔时间过长可引起明显的饥饿感甚至胃痛,血糖下降,工作能力也随之下降,长时间空腹还可导致胃炎或胃溃疡。间隔时间太短则无良好的食欲,会使进食量和消化液分泌减少,影响食物的消化与吸收。通常两餐间隔时间以4~5小时为宜,一日进食四餐比三餐好。按我国人民的作息制度和饮食习惯,一日进食三餐,两餐间隔5~6小时较为合理。

2. 食物的分配

一日食物的分配应与作息时间相适应,中国民间流传"早餐吃好,中餐吃饱,晚餐吃少",西方国家流传"早餐吃得像皇帝,中餐吃得像伯爵,晚餐吃得像乞丐",这些都生动浅显地揭示了一日三餐如何分配。三餐热能的合理分配如下。

(1)早餐

热能占全天总摄入量的30%为宜,以蛋白质、糖类食物为主,并辅以维生素,以满足上午工作的需要。我国部分地区的早餐多为白粥加咸菜,热能分配偏低,有的仅占全日总热能的10%~15%,这与上午4~5小时的工作消耗是很不适应的。而西式早餐以牛奶、面包为主,辅以煎鸡蛋、新鲜水果或鲜榨果汁,含较高的热能营养素和维生素,值得我们借鉴。

(2) 午餐

热能占全天总摄入量的40%为宜,糖、蛋白质和脂肪的供给量均应增加,因午餐在三餐中具有承上启下的作用,既要补偿饭前的热能消耗,又要贮备饭后工作的需要,所以在全天各餐热能供给中应该占比最高,加之上午工作的消耗,通常食用者进食量较大,食物供给量也要相应增加。

(3) 晚餐

热能占全天总摄入量的30%为宜,应多供给富含糖的食物和谷类、蔬菜等易消化的食物,而富含蛋白质、脂肪的食物应少吃。因蛋白质和脂肪提供热能多,且较难消化,晚餐后的热能消耗又大大降低,易使热能积累而导致肥胖,同时影响睡眠质量。

(三) 进食环境

良好的进食环境也是合理营养应该具备的条件之一。现代人在进餐的同时,更加注重精神及审美需求。优美、舒适的环境可使进食者心情放松、消除疲劳、增进食欲,有利于食物的消化吸收。同时,进食环境应远离工作环境,餐厅应布置整洁、明亮、优雅、舒适。

1. 整洁

要求餐厅地面和桌椅干净、整齐,台布搭配协调,餐具洁净。

2. 明亮

餐厅要有充足的采光或照明,既使进餐者心情愉快,又能看清食物的外观及造型,增进食欲。

3. 优雅

餐厅内颜色搭配不宜花哨,以淡雅为主,墙上可悬挂色彩柔和、使人愉悦的图画,陈设碧绿的植物和美丽的花卉,播放轻柔、悦耳的音乐,使进食者轻松愉快地进食。

4. 舒适

餐厅内的桌椅高低要协调，椅子过高或过低都会影响进食。同时椅子应柔软、有靠背，有利于进食者消除疲劳、增进食欲。

第二节 食物结构、膳食指南和食谱编制

食物结构（food structure）、膳食指南和食谱编制讨论的内容，是社会营养工作中向人们提出的由宏观到微观、由原则到具体的科学安排饮食的方法。

一、食物结构

食物结构是合理膳食的核心问题，是指食物生产、食物消费与膳食过程中各种食物的数量与构成比例。居民消费的食物种类及其数量的相对构成，主要取决于人体的生理需求和食材的供给水平。不同经济与科技水平、不同文化传统与自然资源禀赋、不同的历史时期，食物结构也不尽相同。在社会营养学工作中，正确引导和调节居民膳食结构的关键，在于科学合理地把个体需求和社会供给结合起来，有利于提高国民的健康水平和生活质量。

（一）食物结构的类型

食物结构类型不同，人体所摄取的热能和各营养素的数量和比例也就不同。目前，主要的食物结构类型有以下几种。

1. 平衡膳食型

平衡膳食型也称日本模式，主要分布在以日本为代表的一些国家和地区。这种膳食结构既继承了以粮谷为主食的东方膳食传统，又吸取了欧美国家膳食注重动物性食物的长处。其特点是植物性食物为主，动物性食物为辅，热能、蛋白质、脂肪摄入均衡。这些国家食品资源丰富，经济发展及国民的健康水平较高。其人均年摄取粮食达110kg，动物性食物达135kg左右，基本属于平衡膳

食。从1945年起，日本高度重视国民营养，先后制定了《营养师章程》《营养法》《学生午餐法》等法律，使国民素质明显提高。20世纪中叶，日本14岁男童平均身高仅为147.3厘米，到了20世纪80年代，已上升为163.4厘米，其国民平均寿命亦为世界之首。

2. 热能与蛋白质过剩型

热能与蛋白质过剩型也称经济发达国家模式，这种膳食结构主要分布在北美及欧洲。其特点是"三高一低"，即高热能、高蛋白、高脂肪、低主食。每人每日摄入的热能和蛋白质远超正常的每日需要量，其中肉、蛋、奶类食品年均摄取270kg以上，而粮谷类的直接摄取不过60~70kg，人均每日摄入热能约14.7MJ（3500kcal），蛋白质与脂肪达100g和150g，出现了严重的营养过剩。肥胖症、冠心病、高脂血症、高血压和糖尿病等所谓的"富贵病"的发病率也明显增高。

3. 热能与蛋白质不足型

热能与蛋白质不足型也称发展中国家模式，多分布在发展中国家的贫困地区。膳食结构的特点是热能基本满足需要，主要以植物性食物为主，尤以谷类和薯类为主，食物质量不高，动物食品不足，蛋白质、脂肪摄入均不足。有的国家年人均摄取谷类与薯类达200kg，而肉、蛋、鱼类不超过5kg，动物性蛋白仅占蛋白总量的1/5左右。居民中存在营养不良、贫血或多种营养素缺乏症，主要源于蛋白质供给不足，以致健康状况较差、体质低下和劳动力降低等。

（二）我国的食物结构

1. 我国食物结构现状

近年来，随着我国脱贫攻坚战的全面胜利，人们彻底摆脱贫困，迈入小康社会，膳食结构也在发生变化。从全国来看，热能供给量已达标，但膳食结构中仍以植物性食物为主，谷类占60%~80%，蔬菜占20%~30%，动物性食物中的肉类每人全年平均摄入10~30kg，蛋类5~10kg，鱼类极不平衡，滨海地区每人年供给量10~20kg。奶类及奶制品仍较紧张，豆类生产虽有较大增长，但加工及供应较差,城乡食物消费有很大差别。综观以上食物结构,在营养素供给方面,存在以下特点和缺陷。

糖类摄入量偏高,供给热能占比偏高,约80%,蛋白质摄入量平均约为70g,其中85%~90%为植物蛋白质。由于动物性食物少,食用油供应量低,一些地区脂肪摄入量仍偏低。维生素A仍主要依靠绿叶蔬菜中的胡萝卜素来供给。维生素B_2摄入量仅达供给量标准的一半,维生素C也有季节性缺乏。缺钙和维生素D引起的佝偻病和缺铁性贫血的发病率仍较高;碘、锌、硒等微量元素也存在摄入不足的情况。另一方面,在某些城市居民中热能摄入过多,动物性脂肪的摄入量已超过总热能的30%。因膳食不平衡所致的营养性疾病,如心脑血管病和恶性肿瘤已上升为死因的前三位;无论儿童还是成年人,超重或肥胖俨然成为我国经济发达地区的现实营养问题。

2. 我国小康社会的食物结构

调查研究结果显示,随着我国进入全面建设小康社会历史时期,食物结构呈现出一些特点。

(1) 食物生产量

食物生产的快速发展为食物结构的改善奠定了坚实的基础。近年来,我国食物生产量成倍增长,已成为名副其实的食物生产大国。

(2) 食物生产结构

食物的生产结构是指粮食、油料、糖料、肉类、蛋类、奶类、水产品、蔬菜、水果等在食物总产量中的构成情况。目前,我国植物性食物中的粮食产量比重相对减少,而动物性食物中的肉类、奶类及蔬菜、水果的产量占比相对增加。

(3) 食物消费结构

粮食的消费相对下降,而动物性食物的消费量快速增长。

(4) 食物区域结构

目前,尽管我国城乡居民食物消费水平均在提高,但城市与农村的食物消费水平呈扩大趋势。不同地区、不同人群的食物消费呈现出明显的差别。一般来说,经济越发达的地区,食物消费水平越高,动物性食物、时令蔬菜和水果及奶类的消费越高;而在经济欠发达的地区,食物消费水平相对较低,植物性食物消费量相对较多。

为缩小我国小康社会居民食物结构的诸多差异，食物的生产应做适当调整，重点增加动物性食物的生产与供给。因我国人多地少，人均粮食占有有限，应增加饲料报酬高的禽、蛋、鱼类的生产，多饲养食草动物牛、羊、兔等，开发利用淡水、海洋资源，向水产品索取优质蛋白质资源。在扩大动物性蛋白质资源的同时，大力发展设施农业及林果业，增加优质蔬菜、水果的供给量。

二、膳食指南

膳食指南，又称膳食指导方针（dietary guideline）或膳食目标（dietary goal），是根据食物生产供应及各国居民实际生活情况，将现有的膳食营养与健康的证据研究转化为以食物为基础的平衡膳食的指导性文件。旨在帮助人们做出科学的食物选择，合理搭配膳食，以维持和促进健康，预防和减少营养相关疾病的发生。各国营养机构针对本国存在的营养问题而提出的一个通俗易懂、简明扼要的合理膳食基本要求。它的形成以调查研究和科学实验为基础，因而具有针对性、现实性、预见性和科学性。通过膳食指南，可以正确引导人们的食物消费，养成良好的饮食习惯，从而达到提高营养和增进健康的目的。与RDA一样，膳食指南每隔几年会根据人群营养的新问题和营养研究的新进展修订一次。膳食指南是一个有效的营养宣传与普及材料，美国在1963—1975年大力宣传合理膳食，取得了显著成果（表3-1），从而推动了各国制订和完善膳食指南。

表3-1 美国人膳食改善与死亡率变化

摄入物	摄取量变化/±%	年龄组/岁	死亡率变化（减低%） 脑血管	心肌梗塞
动物性油脂	−56.7	35~44	−19.1	−27.2
植物性油脂	+44.1	45~54	−31.7	−27.4
黄油	−31.9	55~64	−34.1	−23.5
牛奶、奶油	−19.2	65~74	−33.2	−25.3
鸡蛋	−12.6	75~84	−21.9	−12.8
香烟	−22.4	85~	−29.4	−19.3

（一）我国居民的膳食指南

中华人民共和国成立以来，根据经济社会发展状况，我国先后颁布了5版《中国居民膳食指南》，分别是1989年版（第一版）、1997年版（第二版）、2007年版（第三版）、2016年版（第四版）和2022年版（第五版）。2016年，中国营养学会常务理事会研究决定，中国居民膳食指南将根据实际需要，每5~10年修订一次。

2014年，中国营养学会受国家卫生和计划生育委员会委托，组织了《中国居民膳食指南》修订专家委员会，对我国第三版《中国居民膳食指南（2007）》进行修订，在广泛征求相关领域专家及消费者意见的基础上，百余位专家历时两年之久，最终在2016年5月13日，国家卫生和计划生育委员会正式发布了第四版《中国居民膳食指南（2016）》，其主要内容为：①食物多样，谷类为主；②吃动平衡，健康体重；③多吃蔬果、奶类、大豆；④适量吃鱼、禽、蛋、瘦肉；⑤少盐少油，控糖限酒；⑥杜绝浪费，兴新时尚。

第四版膳食指南包括一般人群膳食指南、特定人群膳食指南和中国居民平衡膳食实践三部分内容。同时，推出了中国居民膳食宝塔、中国居民平衡膳食餐盘和儿童平衡膳食算盘三个可视化图形，指导大众在日常生活中进行具体实践。为方便大家使用，还特别推出了《中国居民膳食指南（2016）（科普版）》，帮助大家做出有益健康的饮食选择和行为改变。

随着国家《健康中国行动（2019—2030年）》和《国民营养计划（2017—2030年）》的发布与实施，在对近年来我国居民膳食结构和营养健康状况变化做了充分调查的基础上，依据营养科学原理和最新科学证据，结合当前疫情常态化防控和制止餐饮浪费等有关要求，形成《中国居民膳食指南研究报告（2021）》，并在此基础上顺利完成第五版中国居民膳食指南。2022年4月26日，中国营养学会在北京正式发布《中国居民膳食指南（2022）》。第五版中国居民膳食指南提炼出了平衡膳食8条基本准则：①食物多样，合理搭配；②吃动平衡，健康体重；③多吃蔬果、奶类、全谷、大豆；④适量吃鱼、禽、蛋、瘦肉；⑤少盐少油，控糖限酒；⑥规律进餐，足量饮水；⑦会烹会选，会看标签；⑧公筷分餐，杜绝浪费。

与前4版指南相比，第五版中国居民膳食指南强调了膳食模式、饮食卫生、三餐规律、饮水和食品选购、烹饪的实践能力；突显了规律进餐和足量饮水的重要性，并对食材选择、加工、识别提出了新的要求，结合疫情防控现实，适时倡导公筷分餐的文明用餐方式，极大地丰富了膳食指南的科学内涵。

（二）国外的膳食指南

美国、英国、日本等国家一直大力推行膳食指南。这里仅简要介绍这些国家的膳食指南，供参考比较。

1. 美国的膳食指南

美国膳食指南每五年修订一次。2020年，美国农业部与卫生和公众服务部发布了《美国居民膳食指南（2020—2025）》，提供关于"吃什么和喝什么能满足营养需求，促进健康，并减少慢性疾病的风险"的建议。新指南包括了生命全周期的各类人群，对健康人群和有疾病风险的人群提出四条健康准则，包括鼓励居民合理选择食物和饮料，一生保持健康饮食。其四个核心准则推荐如下。

①遵循健康的膳食模式。在全生命周期的每个阶段（婴儿期、儿童期、青春期、成年期、孕期、哺乳期和老年期），每个人都应该努力采取健康膳食模式改善身体健康。生命早期还会影响到成年后的食物选择和健康状况，遵循健康的膳食模式将受益终身。

②优选高营养密度的食物和饮料。无论年龄、种族或当前的健康状况如何，健康的膳食模式都可以造福所有个体。同时，健康的膳食模式应该是让人享受和愉悦的，而不是负担和压力。美国文化多元且复杂，没有一种单一的食谱能够满足所有居民的需求，《美国居民膳食指南（2020—2025）》为居民提供了一个膳食模式框架，按食物组和亚组提供了建议（而不是特定的食物和饮料），旨在根据个人的需求、偏好、预算和文化传统进行健康膳食模式的定制。这种方式确保人们可以根据自己的需要和喜好选择健康食品、饮料、正餐和零食，从而"自己做主"，享受健康膳食。

③关注高营养素密度的食物和饮料。膳食指南首先要保证的是通过食物摄入，尤其是高营养密度的食物和饮料，满足营养需求。高营养密度的食物提供维生素、矿物质和其他促进健康的成分，很少含有或不含添加糖、饱和脂肪酸和钠。健康的膳食模式包含各食物组中高营养密度的食物和饮料，达到营养素

参考摄入量的同时保证总能量摄入适宜。

④减少添加糖、饱和脂肪酸和钠含量较高的食品和饮料。添加少量的糖、饱和脂肪酸或钠以满足多种食物类别的摄入是被允许的，但应限制这些成分含量高的食物和饮料。

2. 英国的膳食指南

2016年3月，英国公共卫生部发布了最新健康膳食指南。该指南是对2010年饮食推荐指南的更新，反映了最新的科研成果和饮食推荐。指南仍以"餐盘状"图文呈现，具体推荐如下：

①每天吃5份各种各样的水果和蔬菜，所有新鲜的、冷冻的、干燥与罐头装均可纳入。

②基础餐包括：土豆、面包、米饭或其他淀粉类食物，最好是全麦面包。

③每天30 g纤维，同时摄入5份水果和蔬菜、2片全麦饼干、2片全麦面包和1份带皮烤土豆。

④摄入一些牛奶或乳制品（可用部分豆制品替代），优先选择低脂或低糖食物。

⑤摄入一些豆类、鱼、鸡蛋、肉和其他蛋白质，包括每周2份鱼，其中1份应该是含油的。

⑥选择摄入少量的不饱和油。

⑦每天喝6~8杯水，可包括不含糖饮料和茶。

⑧成年人每天需摄入不少于6g盐，男性摄入约20g饱和脂肪，女性则为30g饱和脂肪。

⑨红肉建议每天摄入不超过70g，相当于2片培根或香肠。

另外，指南还建议限制糖的摄入，例如含糖饮料和糖果，年龄大于11岁的人每天摄入量应少于30g或7块糖类。

3. 日本的膳食指南

日本人以长寿著称于世，与我们同属黄色人种，在我国全面进入小康社会之际，就合理营养促进身体健康方面而言，他们的膳食指南值得我们学习与借鉴。其中包括：①食物多样化，以保持营养素摄入；②加强运动，达到能量平衡；③讲究脂肪的量与质；④注意少用食盐；⑤愉快进餐。

（三）食物金字塔

食物金字塔（food pyramid）是膳食指南食物金字塔的简称，旨在使膳食指南图形化，有利于向广大群众进行科学普及和宣传工作。食物金字塔的内容是将平衡膳食的原则以金字塔的形状（或三角形）来表示，具体内容为将五大类食物（分法同膳食指南）摄入量的多少相应填入"金字塔"中。1992年，美国农业部（USDA）率先在本国颁布了食物金字塔，成为全世界首个膳食指南宝塔，后世界各国纷纷效仿，相继颁布了自己国家的食物金字塔。1998年，中国营养学会首次颁布了我国的膳食指南宝塔，逐渐使它成为指导人们合理营养的重要依据。随着膳食指南的修订，食物金字塔也必然改变和发展，使其更科学、更实际地指导人们合理营养。诚然，一种食物金字塔不可能完全适合不同国家、地区和人群。2022年4月，我国颁布了第五版膳食指南，依据其形成的食物金字塔如图3-1。

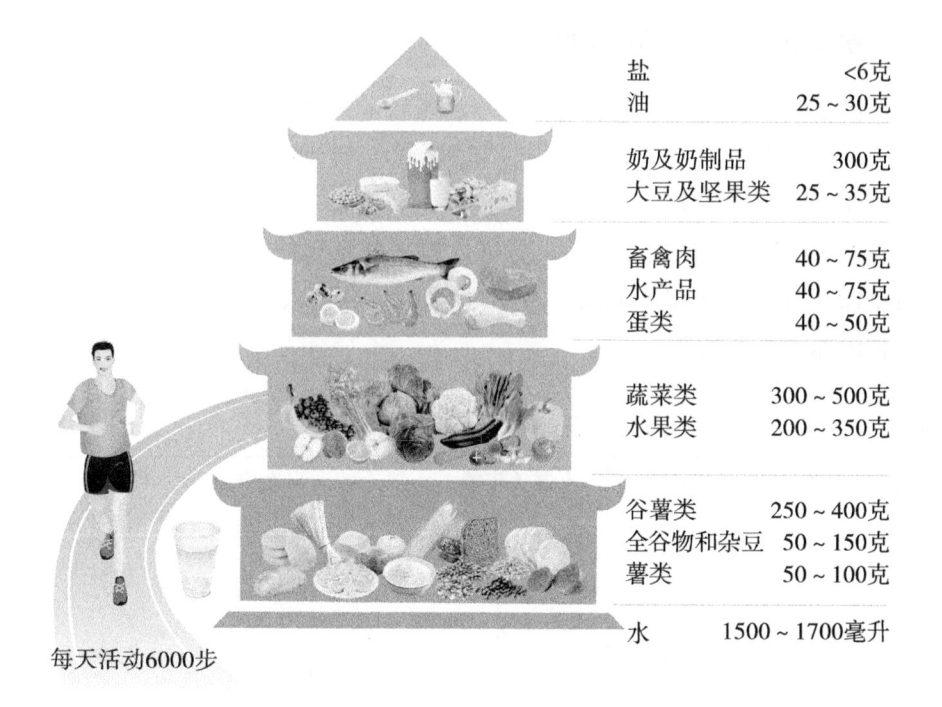

盐	<6克
油	25~30克
奶及奶制品	300克
大豆及坚果类	25~35克
畜禽肉	40~75克
水产品	40~75克
蛋类	40~50克
蔬菜类	300~500克
水果类	200~350克
谷薯类	250~400克
全谷物和杂豆	50~150克
薯类	50~100克
水	1500~1700毫升

每天活动6000步

图3-1 中国居民平衡膳食宝塔

注：依据2022版膳食指南，摘自中国营养学会网站：http://www.cnsoc.org/

三、食谱编制

食谱的编制就是按照食物结构、膳食指南等的要求,根据食用者的年龄、性别、工作性质、经济状况和饮食习惯等,结合食物供给的种类、数量和价格,编制出一周或数日内一日三餐的食谱。食谱编制是合理营养的具体实施,只有将平衡膳食的要求落实到一日三餐中,才能真正达到合理营养,增进健康的目的。

食谱编制的具体方法有两种:实际计算法和等价交换法。

(一)实际计算法

实际计算法是对进餐者各营养素供给量和食物的摄入量进行实际计算,再根据平衡膳食的要求制定出食谱的方法,具体步骤如下。

1. 确定进餐者每日的热能供给量

食谱编制中首先要考虑的就是进餐者每日的热能供应量。如果进餐人员的构成简单,可参照RDA,并根据进餐者的年龄、性别和劳动强度等确定每日的热能供应量。若进餐人员并非单一构成时,如家庭、单位等,要将进餐的自然人按表3-2的系数折算成标准人。标准人就是假定轻体力劳动成年男性的热能供给量10.9MJ为1.0(以其他任一人作为标准人也可),其他人则按其热能供给量折算出标准人系数。

表3-2 各种人的营养需要系数

人群	年龄	系数	人群(年龄)	劳动强度/年龄	性别	系数
儿童	1~	0.45		极轻劳动(坐位)	男	0.90
	3~	0.50		极轻劳动(坐位)	女	0.80
	5~	0.55	成人(18~59)	轻劳动	男	1.00
	7~	0.70		轻劳动	女	0.90
	10~	0.80		中等劳动	男	1.10

(续表)

人群	年龄	系数	人群（年龄）	劳动强度/年龄	性别	系数
儿童	13~（男）	0.90	成人（18~59）	中等劳动	女	1.00
	13~（女）	0.85		重劳动	男	1.20
	16~（男）	1.20		重劳动	女	1.15
	16~（女）	1.00		极重劳动	男	1.50
			老人	>60		0.80
				>70		0.70

引自陈炳卿. 营养与食品卫生学［M］. 北京：人民卫生出版社，1998.

例如，某家有5人，分别是中年男人（工人）、中年女人（教师）、老年父母（60岁以上）和一名14岁女孩，则全家相当于标准人：1.1+0.9+0.8+0.8+0.85=4.65人。

再根据RDA表查出1个标准人的营养素需要，如热能为2600kcal，蛋白质为75~80g（其中优质蛋白40%~50%），脂肪为50~60g，糖为450~500g，此外还有钙、铁、锌、硒、碘、维生素A、维生素D、维生素B_1、维生素B_2、烟酸、维生素C等。食物构成可参照中国居民平衡膳食宝塔。这样就可算出一个相当于4.65个标准人的家庭每日营养素的需要量和主要食物构成。

2. 确定每日热能营养素摄入量

假定进餐者每日所需的热能总量为X（kcal），则三大热能营养素蛋白质、脂肪和糖所占比例分别为10%~15%、20%~25%、60%~70%，换算成其所需的摄入量为：①蛋白质摄入量（g）=X×（10%~15%）÷4；②脂肪摄入量（g）=X×（20%~25%）÷9；③糖摄入量（g）=X×（60%~70%）÷4。

3. 确定各类食物的摄入量

考虑食物生产及供应现状，按照最新版中国居民平衡膳食宝塔的建议，通常成年人每日摄入的食物种类及其营养素如下：

①主食的种类及数量：坚持谷类为主的平衡膳食模式。根据就餐者的具体情况，一般选择粮谷类食物作为主食，除含大量的淀粉外，还含有蛋白质及

维生素等营养素。每天摄入谷类食物200~300g，其中包含全谷物和杂豆类50~150g；薯类50~100g。平均每天摄入12种以上食物，每周25种以上，合理搭配。

②动物性食物的种类及数量：根据市场供应情况及就餐者经济水平确定每日可获得的动物性食物的种类，其数量与主食所含蛋白质相加后能满足蛋白质需要量即可，并保证其提供的优质蛋白质占总蛋白质需要量的30%以上。鱼、禽、蛋类和瘦肉的摄入要适量，平均每天120~200g。每周最好吃鱼2次或300~500g，蛋类300~350g，畜禽肉300~500g。少吃深加工肉制品。鸡蛋营养丰富，吃鸡蛋不弃蛋黄。优先选择鱼，少吃肥肉、烟熏和腌制肉制品。

③蔬菜及水果的种类与数量：我国幅员辽阔，南、北地区所产蔬菜及水果种类差异较大，但一般应该做到每餐有蔬菜，保证每天摄入300~500g蔬菜，深色蔬菜应占1/2；每日吃水果，保证每天摄入200~350g的新鲜水果，果汁不能代替鲜果。具体在日常加工过程中，做到餐餐有蔬菜，在一餐的食物中，首先保证蔬菜重量大约占1/2，这样才能满足一天"量"的目标；还应该天天吃水果，选择新鲜应季的水果，变换种类购买，在家中或工作单位把水果放在容易看到和方便拿到的地方，这样随时可以吃到。做到蔬果巧搭配，以蔬菜菜肴为中心，尝试一些新的食谱和搭配，让五颜六色的蔬菜、水果装点餐桌，愉悦心情。

④奶及奶制品、大豆及坚果：选择多种奶制品，与液态奶相比，酸奶、奶酪、奶粉有不同风味，又有不同蛋白质浓度，可以多品尝，丰富饮食多样性；其量应该达到每天相当于300ml液态奶水平。大豆及其制品，可以换着花样经常吃，每周可用豆腐、豆腐干、豆腐丝等制品轮换食用，既变换口味，又能满足营养需求。坚果有益，但不宜过量，适量摄入有益健康，且其能量应该计入一日三餐的总能量之中。

⑤油、盐的选择：提倡多用植物油，控制一日三餐用量不宜超过30g，特别关注饱和脂肪酸的摄入量；每日盐的摄入总量（包括调味品、作料等中含有的盐）不超过5g。

根据营养素的需求量确定了食物种类和数量后，要初步计算其营养价（表3-3，可提供能量约10920kJ），然后根据计算结果进行调整和优化。

表3-3 食谱营养价计算示例

食品	出库(g)	可食部(g)	蛋白质(g)	脂肪(g)	糖(g)	无机盐(mg) 钙	磷	铁	维生素(mg) A(RE)	B₁	B₂	PP	C
大米	250	250	25.0	4.5	190	25	550	6.0	0	0.55	0.15	4.5	0
面粉	250	250	25.0	4.5	187	95	670	10.5	0	1.15	0.15	6.1	0
豆腐	150	150	11.1	5.3	5	46	86	3.2	0	0.05	0.05	0	0
猪肉	50	50	8.4	14.4	0	6	88	1.2	0	0.27	0.06	2.1	0
咸带鱼	50	34	8.3	3.9	0	45	38	0.3	49	0	0.06	0.5	0
鸡蛋	50	43	6.3	5.0	1	24	90	1.2	186	0.07	0.13	0	0
菠菜	125	112	2.7	0.5	4	80	59	2.0	721	0.05	0.15	0.6	44
大白菜	250	170	1.9	0.3	4	104	63	0.9	3	0.03	0.07	0.5	34
马铃薯	200	184	3.9	1.8	47	29	94	4.0	3	0.31	0.07	2.0	50
植物油	15	15	0	15.0	0	0	0	0	0	0	0.01	0	0
共计	1390	1258	92.6	55.2	438	454	1738	29.3	962	2.48	0.90	16.6	128

引自杨昌举. 合理膳食与科学烹饪［M］.1版. 北京：科学技术文献出版社，1999年11月.

4. 确定一日三餐的热能分配

一日三餐中，早、中、晚餐的热量分别占总热量的30%、40%、30%。同时，可考虑进餐者的工作和休息时间具体调整，特别要保证早餐足够的热能供给。

5. 安排每餐的食物代量搭配

确定食物的种类和数量后，根据季节、食材供应、饮食习惯和经济条件等确定具体的食物种类。一般粗细粮之间、蔬菜之间、肉鱼禽蛋之间、豆制品之间、奶及奶制品之间遵循营养价值相同原则，在各品种之间可互换代量，并兼顾食物的多样化和进食者的口味，注重餐饮环境、清洁卫生和食物的感官品质，愉快进餐。

6. 食谱示例

表3-4 合理膳食食谱示例

餐别	菜单	食材及用量	
早餐	牛奶	鲜牛奶	250ml
	三明治	吐司面包	3片
		火腿	10g
		奶油	1小匙
	水果	苹果	80g
午餐	米饭	大米	140g
	炸排骨	排骨	30g
	炒三丁	柿子椒	30g
		胡萝卜	35g
		洋葱	35g
	麻婆豆腐	豆腐	100g
	素炒蔬菜	菠菜	100g
	水果	草莓	170g
晚餐	三鲜烩面	干面条	120g
		肉片	25g
		黄瓜	50g
		番茄	50g
	萝卜豆腐汤	白萝卜	100g
		豆腐	100g
	水果	鸭梨	110g

摘自杨昌举.合理膳食与科学烹饪［M］.1版.北京：科学技术文献出版社，1999年11月.

（二）等价交换法

等价交换法是指将含有等量主要营养素的同类食物进行交换使用的方法。先将常用食物按照所含营养素特点进行分类，然后算出各类食物每份的营养素含量及其重量，列表交换使用，其具体步骤如下。

1. 常用食物分类

根据每类食物所含营养素的特点，可将常用食物分为五大类。
①粮谷类：富含碳水化合物，主要包括口粮、淀粉及蔬菜的根茎部等主食。
②动物性食物及豆制品：富含蛋白质，包括畜禽肉、鱼、虾、蛋及豆制品。
③油脂及纯糖类：富含热能，包括动植物油、坚果及纯糖类等。
④乳及干豆类：富含钙、磷及维生素B_2的高蛋白食物。
⑤蔬菜、水果类：富含膳食纤维、维生素及无机盐的食物。

2. 确定各类食物等价交换的数量分配

根据每人每日热能摄入量和热源物质分配比例要求，参照表3-5、表3-6和表3-7即可查知各类食物的所需份数。

表3-5　含产能营养素不同比例的各类食物交换份的分配

热能供给（kcal）	总交换份（份）	粮谷类（份）	动物性食物及豆制品（份）	油脂类（份）	纯糖类（份）	乳及干豆类（份）	蔬菜水果类（份）
1600	12.5	5.5	2	1	1	1	2
1800	14	6.5	2	1.5	1	1	2
2000	15.5	7	2.5	2	1	1	2
2200	17	8	3	2	1	1	2
2400	18	9	3	2	1	1	2
2600	19.5	9.5	3.5	2.5	1	1	2
2800	20.5	10.5	3.5	2.5	1	1	2
3000	22.5	11.5	4	3	1	1	2
3400	25	13	4.5	3.5	1	1	2
3800	28	15	5.5	3.5	1	1	2
4200	30.5	16.5	6.5	3.5	1	1	2
4600	33	18.5	7	3.5	1	1	2

注：此表中的每一份食物是指表3-9～表3-13中所列出的任一食品交换份。总热能中蛋白质占14%～15%；脂肪占16%～20%；糖占66%～70%。

表3-6 含产能营养素不同比例的各类食物交换份的分配

热能供给（kcal）	总交换份（份）	粮谷类（份）	动物性食物及豆制品（份）	油脂类（份）	纯糖类（份）	乳及干豆类（份）	蔬菜水果类（份）
1600	12	6	1	1	1	1	2
1800	13	7	1	1	1	1	2
2000	14.5	8	1	1.5	1	1	2
2200	16	9	1.5	1.5	1	1	2
2400	17	10	1.5	1.5	1	1	2
2600	18.5	11	1.5	2	1	1	2
2800	19.5	11.5	2	2	1	1	2
3000	21	12	2.5	2.5	1	1	2
3400	23.5	14	3	2.5	1	1	2
3800	26.5	16	3.5	3	1	1	2
4200	29	18	4	3	1	1	2
4600	31.5	20	4	3.5	1	1	2

注：此表中的每一份食物是指表3-9～表3-13中所列出的任一食品交换份。总热能中蛋白质占12%～13%；脂肪占14%～17%；糖占70%左右。

表3-7 含产能营养素不同比例的各类食物交换份的分配

热能供给（kcal）	总交换份（份）	粮谷类（份）	动物性食物及豆制品（份）	油脂类（份）	纯糖类（份）	乳及干豆类（份）	蔬菜水果类（份）
2500	20	9	4	3	1	1	2
3000	24	10	5	5	1	1	2
3500	30	12	8	6	1	1	2
4000	34	14	8	7.5	1	1.5	2
4500	36	15	8	7.5	2	1.5	2

注：此表中的每一份食物是指表3-9～表3-13中所列出的任一食品交换份。总热能中蛋白质占12%～15%；脂肪占20%～30%；糖占58%～65%。

3. 确定各类食物单位交换份的产能营养素含量及热能近似值

根据上述食物分类，参照《食物成分表》，计算出每类食物单位交换份的产能营养素含量及热能近似值（表3-8）。

表3-8　各类食材单位交换份的热能值及产能营养素含量

食物	名称及重量（g）	热能（kcal）	蛋白质（g）	脂肪（g）	糖（g）
粮谷类	粮食（50）	180	4	1	38
动物性食物及豆制品	瘦肉（50）	80	9	5	0
	鸡蛋（1个）				
	北豆腐（100）				
油脂及纯糖类	油脂类（9）	80	0	9	20
	白糖（20）				
乳及干豆类	牛奶（160）	160	12	8	11
	干黄豆（20）				
蔬菜水果类	蔬菜类（食部，350~400）	80	5	0	15
	水果类（市品，150~250）				

4. 选择各类食材中的具体食物

参照表3-8各类食物1交换份所含的营养素量，计算出同类食物1交换份的重量，根据各类食物所需份数，从表3-9~表3-13中选择出编制食谱所需的具体食物，以便等价交换。

若食物供应确有困难、患病忌口或饮食习惯限制，不同类食物间亦可交换，一般遵循这样的规则：粮谷类食物0.5单位=蔬菜水果类食物1单位；乳及干豆类食物1单位=动物性食物1单位+蔬菜水果类食物1单位。

各类食物等价交换情况如表3-9~表3-13所示。

表3-9 粮谷类食品每份等价交换表

粮谷类食品	重量（g）	粮谷类食品	重量（g）
大米、面粉、玉米面、高粱米、挂面	50	干粉丝（条、皮）	40
生嫩玉米	750	凉粉	750
生面条（面片）	75	土豆、山药（可食部）	250
咸面包	75	荸荠（可食部）	150

表3-10 动物性食物及豆制品每份等价交换表

动物性食物	重量（g）	豆制品	重量（g）
瘦猪肉、牛肉、羊肉、鱼、虾、家禽（可食部）	50	北豆腐	100
肥瘦猪肉、牛肉、羊肉（可食部）	25	豆腐干	50
瘦香肠	20	豆腐丝	50
蛤蜊肉	100	油豆腐	50
大鸡蛋（9个约500g）1个	55	南豆腐	130
小鸭蛋（9个约500g）1个	55	豆浆	300

表3-11 油脂及纯糖类食品每份等价交换表

品名	重量（g）	品名	重量（g）
各种油类1汤勺	9	南瓜子（市品）	30
花生米（约30粒）	15	芝麻酱	15
核桃（2个，可食部）	15	白糖	20
杏仁（约10个，可食部）	15	红糖	20
葵花子（市品）	30		

表3-12 乳及干豆类食品每份等价交换表

品名	重量（g）	品名	重量（g）
牛奶	250	蒸发淡牛奶	125
牛奶粉	30	干黄豆（青豆）	40
酸奶	200	黄豆粉	40

表3-13　蔬菜、水果类食品每份等价交换表

	含糖1%~3%蔬菜 （可食部，500~700g）		含糖4%以上的蔬菜 （可食部）	含糖10%以上的水果 （市品）
叶类	大白菜、洋白菜、油菜、韭菜等	瓜果鲜豆类	倭瓜350g、柿子椒350g、茄子350g、丝瓜300g、鲜豇豆250g、扁豆250g、鲜豌豆100g	橘子、橙、苹果、鸭梨、桃、葡萄、李子、柿子200~250g、西瓜750g
根茎类	芹菜、苤蓝、莴笋等	根茎类	萝卜350g、胡萝卜200g、蒜苗200g	
瓜果类	西葫芦、西红柿、冬瓜、黄瓜、苦瓜等	其他类	水浸海带350g	
其他类	绿豆芽、茭白、冬笋、菜花、鲜蘑、龙须菜等			

上述各表均引自：高言诚.营养学［M］.1版.北京：北京体育大学出版社，2006年8月.

5. 根据上述资料编制食谱

举例：某人每日需摄入热能2400kcal，要求热源物质的分配为蛋白质占14%~15%，脂肪占16%~20%，糖占66%~70%。

查表3-5可知该人全日所需各类食物总计18份，其中粮谷类9份，动物性食物及豆制品3份，油脂类2份，纯糖类1份，乳及干豆类1份，蔬菜、水果类2份。

由份计算出各类食物量可得，粮食450g、蔬菜500~700g、水果200g、瘦肉50g、鸡蛋1个、豆腐100g、牛奶250g、白糖20g、烹调油18g。

再将上述食物编制成一日三餐的食谱。

第四章 营养调查与评价

营养调查（nutritional survey）是运用科学手段来了解被调查对象的饮食情况和各种营养素的摄入量，与标准供给量进行比较，从中发现存在的问题，并解决问题，提出切合实际的改进措施。同时，营养调查也是诊断营养缺乏病、饮食性地方病的重要方法。

完整的营养调查应包括膳食调查、体格检查、生化检查和营养相关疾病临床检查等方面的内容。这些内容涉及食品加工、储运、膳食及营养素的消化、吸收和代谢等过程。如只做膳食调查而不做体格和生化检查，就不能判断被调查者对营养素吸收和利用是否正常，是否由此引发营养缺乏症等问题。限于客观条件，有时不能同时进行这些内容的调查，只进行其中一项或两项，也有一定的参考价值。

第一节 膳食调查

膳食调查（diet survey）是营养调查的一个基本组成部分。通过膳食调查可以了解在调查期间被调查者通过膳食所摄取热能和营养素的数量和质量，对照RDA以评定其营养需要的满足程度，可以初步发现被调查对象在营养上存在的问题。单独的膳食调查也可成为所调查单位或人群改善营养状况和进行营养咨询、指导的重要依据。

膳食调查点应选择在食品生产、供应情况、地理环境、气象条件、居民饮食习惯等特点上具有代表性的地区。被调查人员应选择在劳动、经济、生理等方面具有代表性的人员。调查时间一年四季都可进行，如要反映全年情况，应每季度调查一次（一般在每季度的最后一个月），至少要在夏秋和冬春进行两次。集体食堂的调查时间为5天，散户居民为7天。

一、膳食调查的方法

常用的膳食调查方法有三种,即"称重法""查账法"和"询问法",3种方法各有特点,可根据不同情况而采用相应的方法。

(一)称重法

称重法比较准确,对集体、家庭和个人均适用。此方法工作量较大,不适合大规模的调查,具体调查步骤如下。

1.称重

逐日逐餐对所食的各种主、副食品称出四个重量。
①生食重:米、面粉等主食淘洗前的总重,副食只称可食部分的生食重量。
②熟食重:指各种主、副食烹调出锅后的重量。
③剩余重:各种主、副食品的剩余重量,包括厨余量与进食者餐后的剩余量。
④残渣量:各种食物餐后的残渣,如骨、鱼刺等不可食部分。

2.计算

①净食重是指实际摄取的各种食物可食部分生重的净消耗量,算式如下:

净食重(kg)={[熟食重-(剩余熟食重+残渣重)]÷熟食重}×生食重。

②人均每日净食重即平均"人日"净食重,算式如下:

平均"人日"净食重(g)=同种食物净食重×1000÷总"人日"数÷调查天数。

按照食物类别填写计算结果。如"谷类""豆类""肉类"等,分别填入表4-1。

表4-1 膳食调查记录表

就餐人数			餐别		
食物名称	生食重(kg)	熟食重(kg)	剩余食物重(kg)	净食重(kg)	人均日摄入量(g)

需要注意的是，用餐人数应以"人日"为单位进行统计。一般以一个人一日三餐作为一个"人日"，由于一日三餐的进食量不是平均分配的，一般按早餐占1/5个"人日"，午、晚餐各占2/5个"人日"来计算。例如，某食堂在调查期间吃早餐的有95人，午餐有105人，晚餐有110人，则该食堂在调查期间的总"人日"数应为：

$$95 \times 1/5 + 105 \times 2/5 + 110 \times 2/5 = 19 + 42 + 44 = 105（人日）$$

在进行膳食调查中，对被调查对象的性别、年龄、劳动强度都要分别记录，并折算成轻体力劳动男子"人日"数，折合系数见表4-2。如某食堂进餐人数为100人，其中进食系数1.67的有8人，1.25的有12人，1.0的有20人，0.8的有60人，其进餐总"人日"数为96.36人（1.67×8+1.25×12+1×20+0.8×60）。将各种食物消耗总量除以96.36，再计算出进食者每人每日各种食物和营养素的摄入量。

表4-2 折合成年男子系数表

人群	年龄	系数	人群（年龄）	劳动强度	系数
儿童	1～	0.46	成年男子（18～60岁）	极轻体力劳动	1.00
	2～	0.50		轻体力劳动	1.08
	3～	0.56		中等体力劳动	1.25
	4～	0.60		重体力劳动	1.42
	5～	0.64		极重体力劳动	1.67
	6～	0.71	成年女子（18～50岁）	极轻体力劳动	0.92
	7～	0.77		轻体力劳动	1.00
	10～	0.92		中等体力劳动	1.17
	13～（男）	1.00		重体力劳动	1.33
	13～（女）	0.96		孕妇（4～9月）	1.04
	16～（男）	1.17		哺乳期女性	1.25
	16～（女）	1.00	60岁以上男子		0.80
			50岁以上女子		0.73

③人均每日各种营养素摄取量：将各种食物的人均每日摄取量乘以"食物成分表"中单位重量的各种营养素的含量，即可算出摄入的某种食物中各种营养素的含量，再将各种食物的同种营养素相加，即得出人均每日各种营养素的摄入量，将计算结果填入表4-3。

表4-3 人均每日营养素摄入量

类别	食物名称	食物重量（g）	蛋白质（g）	脂肪（g）	糖（g）	热量（kcal/kJ）	钙（mg）	磷（mg）	铁（mg）	维生素A（IU）	胡萝卜素（mg）	维生素B_1（mg）	维生素B_2（mg）	维生素PP（mg）	维生素C（mg）
总计															

（二）查账法（记账法）

查账法是大规模进行膳食调查的方法，适用于对机关、学校、部队食堂等集体伙食单位的膳食调查，其调查步骤如下。

①通过查阅账目，调查某单位1周或1个月内各种食物消耗总量。前提是账目应逐日分类记录清楚。

②统计每日每餐进餐的人数。按年龄、性别、劳动强度分别统计；计算出每人每日食物的消耗量。

③根据食物成分表，计算出每人每日各种营养素摄取量。

需要注意的是此法的缺点是结果不够精确，因食物的非可食部分及剩余量均未除去；优点是花费人力少、时间短，适用于大规模调查，一般每季度调查一个月就能较好地反映全年的营养状况。但账目清晰、进餐人数统计准确是此法实施的前提，如与称重法结合使用可提高其准确性。

（三）询问法

尽管询问法所得结果不太准确，但非常方便，多用于一般营养状况的调查摸底，适用于对散住居民的家庭膳食调查和门诊病人的饮食调查。通过询问可了解调查对象日常各类食物的摄入量；回顾24小时、3天或1周内每日摄入食物的种类和数量；调查长期的饮食习惯和膳食结构亦可了解饮食对生长发育及健康的长期影响。询问的结果可填入根据需要而设计的膳食调查表中，以便统计分析（表4-4）。

表4-4　膳食调查及体格检查记录表

姓名_____；性别_____；年龄_____；职业_____；专项_____；身高_____；
体重____；BMI____；饮食习惯____；食欲：好__中__差__；进餐时间：早__中__晚__；
嗜好：_____；吸烟及数量_____；血压：舒张压_____收缩压_____。

日期	餐别	饭菜名称	食物名称	原料使用量	废弃量	净摄入量

询问法简便易行，适用范围较广，但因受被调查对象的记忆力和对度量的判断差异影响，其结果出入较大，必要时可用称重法予以核实。

二、膳食营养评价

膳食营养评价的目的就是运用膳食调查所得到的资料，按照营养学的基本原则来衡量食物的搭配是否合理，摄入的营养素能否满足机体的需要，各营养素摄入量之间是否平衡等。

（一）平均每人每日营养素摄入量

根据平均每人每日营养素摄入量，对照"推荐的每日膳食中营养素供给量"（RDA），计算出各种营养素的实际摄入量占RDA的百分比，借此可了解每日摄入的营养素量是否达标，从而评判其营养摄入是否合理。

通常供给量标准高于需要量，因此各种营养素的摄入量无需百分之百达标。首先应该考虑的是能量是否平衡，这是营养学的核心问题，一般认为，其摄入量应达到RDA量的90%以上为正常，低于80%为摄入不足。如果热量的摄入长期超过供给量,将导致脂肪堆积,并危害健康。其他各营养素摄入量如在RDA的80%以下时,大多数人一般不会发生缺乏症,但长期低于这个水平可能使部分人体内贮存量下降,有的甚至出现缺乏病症状。而低于60%属于严重不足,需要引起警觉。当然,人体对各种营养素的需要量个体差异明显,同样的膳食,有人会发生某种营养素缺乏症,而有人则完全正常。

(二)热能营养素来源及分布

热能营养素的来源与该地区及家庭的经济水平有关。经济水平较低时,动物性食物相对少一些,而粮谷类食物的摄入相对较多,若这类食物的供能超过总热量的70%时,很容易引发蛋白质不足和某些维生素缺乏。热能营养素来源及分布可按下式计算:

产能营养素供能(%)=糖、脂肪或蛋白质摄入量(g)×食物热价÷总热能(kcal/kJ)×100%

例如,某人每日摄入热能12050kJ(2880kcal),其中摄入糖440g,脂肪80g,蛋白质100g。糖、脂肪、蛋白质产生热能各占总热能的百分比为:

糖供能(%)=440×4÷2880×100%=61%;
脂肪供能(%)=80×9÷2880×100%=25%;
蛋白质供能(%)=100×4÷2880×100%=14%。

根据第三章合理营养中的具体标准,可评判某种营养素摄入量是否达标。

(三)蛋白质来源及分布

2020年,我国正式步入小康社会,自此,我国居民的蛋白质来源摆脱了粮谷类食物为主的历史,因粮谷类食物摄入过多而导致赖氨酸不足的现象基本缓解。在蛋白质摄入满足需要量的前提下,动物性食物和豆类蛋白质应占蛋白质总量的30%以上为佳;而低于10%被认为蛋白质量差。蛋白质来源及分布可按下列公式计算:

蛋白质来源(%)=(各类蛋白质摄入量÷总蛋白质摄入量)×100%

例如：某人每日摄入蛋白质100g，其中粮谷类55g，豆类15g，动物类25g，其他5g。可将计算结果填入表4-5。

表4-5 蛋白质来源分配表

	粮谷类	豆类	动物类	其他	总计
重量（g）	55	15	25	5	100
百分比（%）	55	15	25	5	100

（四）脂肪来源及分布

脂肪是日常膳食中的主要供能物质，也是脂溶性维生素的良好载体，其中的多不饱和脂肪酸为人体必需脂肪酸。摄取脂肪尤其是饱和脂肪酸过多，可诱发动脉粥样硬化。普遍认为成人膳食中植物性和动物性脂肪的比例以2:1为宜。

（五）三餐热量分配

一日三餐热量分配应为早餐占30%，中餐占40%，晚餐占30%。单餐的最大热量不能超过总热量的50%。目前我国三餐分配不合理的现象主要表现为早餐热能不足，这不仅对儿童、青少年身体发育不利，也是影响学生学习成绩和成人工作效率的重要因素。

通过对膳食调查结果的分析和评价，在了解被调查者各种营养素摄入情况的同时，还可发现一些问题（如食物的贮存、加工烹调方法、饮食卫生习惯、食材合理利用和搭配等），针对这些问题提出建设性的建议，促使被调查者改善其膳食状况，提高合理营养水平，增进身体健康。

三、计算机在膳食调查中的应用

在"互联网+"时代，利用营养专用软件或微信小程序进行膳食调查较为便利。营养专用软件一般由多个数据库组成，包括最新版本的"食物成分表""推荐的每日膳食中营养素供给量"等。在进行膳食调查和评价时，利用该系统中的饮食营养调查软件，输入每日各种食物的摄入量，系统既可准确、全面地计算出摄入的各种营养素的量及热量值,还可计算出蛋白质、脂肪和热能来源及分配等,并根据年龄、性别、劳动强度、运动量及生理状态对进食者的膳食营养状况进行评价。

另外,营养专用软件还可在营养咨询、营养监测、营养管理、食谱编制、中医药食疗等方面发挥作用。

第二节 体格检查

体格检查是营养调查的重要内容,包括人体测量、临床体检和营养缺乏症体征检查三部分。

人体的生长发育和正常体形的维持,受到营养因素、遗传因素和环境因素等的综合影响。其中营养因素较为重要,通过身体测量可评价机体的营养状况。身体测量的主要指标有身高、体重、皮褶厚度等,其中以身高和体重最为重要,它可综合反映蛋白质、热能及某些营养素的摄入、利用和储存情况,亦可反映机体、肌肉、内脏的发育状况和潜能。此外,体脂的变动与膳食热能供给关系密切,测定某些部位的皮褶厚度,不仅方法简单,而且还可推算出全身脂肪含量。因此,这两项指标被世界卫生组织列为营养调查的必测项目。临床体检主要是检查与营养有关的疾病,如高血压、冠心病、糖尿病、肥胖等。营养缺乏症体征检查主要检查有无营养缺乏病。本节主要介绍身体测量和营养缺乏症体征检查。

一、人体测量

(一)身高和体重

身高和体重是最基本、最易测量的身体形态指标,也是评定生长发育和一般营养状况的常用指标。

1. 身高

身高是指人体从头顶至足底的垂直距离,一般以"厘米"(cm)作为单位，是反映机体生长发育及营养状况的最直接指标，受遗传、营养、环境等诸多因素影响。因日常身体活动因人而异，通常在清晨、赤脚，在同一设备上由专人测量至少3次，取其平均值而得。

2. 标准体重

与身高相适应的理想体重称为标准体重。根据所测身高，按一定的公式算出标准体重。计算标准体重的公式为：

①Broca公式：标准体重（kg）=身高（cm）-105；
②平田公式：标准体重（kg）=[身高（cm）-100]×0.9。

评价标准：用实际体重改变率表示，即实测体重与标准体重的距离。

实际体重改变率（%）=［（实际体重-标准体重）/标准体重］×100%

实际体重改变率在±10%范围内为正常体重；±10%~20%为过重或瘦弱；±20%以上为肥胖或严重瘦弱。

3. 理想体重百分率

表示被测量者实际体重偏离总体标准的程度。

理想体重百分率（%）=（实测体重/标准体重）×100%

评价标准：>90%为正常；80%~90%为轻度营养不良；60%~80%为中度营养不良；<60%为严重营养不良；>120%为超重；>150%为肥胖；>200%为病态肥胖。

（二）围度测量

1. 上臂围

上臂围测定时左臂自然下垂，先用软尺测出上臂中点的位置，然后测上臂中点的周长。因上臂围包括皮下脂肪在内，故能反映热能营养状况。我国男性上臂围平均值为27.5厘米。

2. 上臂肌围

上臂肌围能较好地反映肌肉蛋白质的营养状况和全身蛋白质的贮存状况。通过上臂围和肱三头肌皮褶厚度，可计算出上臂肌围。

上臂肌围=上臂围（cm）–0.314×肱三头肌皮褶厚度（mm）

正常标准值：男性为24.8厘米，女性为21.0厘米。

（三）皮褶厚度

皮下脂肪约占全身脂肪总量的一半，并与体脂总量的消耗和贮备呈正相关，所以测量皮褶厚度可推算出体脂的变化，从而间接反映热能的营养情况。与体脂关系最密切、应用最多的是肱三头肌皮褶厚度。此外，肩胛下部、腹部等皮褶也较常用。

1. 肱三头肌皮褶厚度测量与评价

被测者上臂自然下垂，取左上臂背侧肱三头肌部、左肩峰至尺骨鹰嘴的中点下方1~2厘米处，测试者用左手拇指和食指将皮肤连同皮下组织捏起呈皱褶，然后用皮褶计测量皮褶根部的厚度。我国男性肱三头肌皮褶厚度正常参考值为8.4毫米。

评价标准：＞90%的正常参考值为营养正常；80%~90%为轻度体脂亏损；60%~80%为中度体脂亏损；＜60%为严重体脂亏损；＞120%为肥胖。

2. 肩胛下部皮褶测量方法

取左肩胛下角约2厘米处，被测者上臂自然下垂，与水平呈45°角测量，具体方法同上。

3. Oeder指数计算和评价标准

Oeder指数=肱三头肌皮褶厚度（mm）+肩胛下部皮褶厚度（mm）。标准值为23毫米，参照表4-6进行评价。

表4-6 皮褶厚度Oeder指数评价标准（mm）

性别	年龄（岁）	瘦弱	正常	肥胖
男	6~	<10	10~20	>20
	9~	<10	10~25	>25
	12~	<10	10~30	>30
	>15	<10	10~40	>40
女	6~	<10	10~30	>30
	9~	<10	10~40	>40
	12~	<20	20~50	>50
	>15	<20	20~50	>50

二、生长发育的评价指标

1. 体质指数（BMI）

在第一章的第二节中已有论述。

2. Kaup指数

Kaup指数又称身体质量指数，与成人用的体块指数的含义基本相同。1921年由Kaup提出，后经Davenport等修改，故也称Kaup-Davenport指数，是指单位面积中所含的体重数，因此与皮脂厚度密切相关，是评价学龄前儿童营养状况和肥胖程度较好的指标。具体计算公式如下：

$$Kaup指数 = \{体重（kg）/ [身高（cm）]^2\} \times 10^4$$

评价标准：>20.1为肥胖；20.0~18.1为优良；18.0~15.1为正常；15.0~13.1为消瘦；13.0~10.0为营养不良。

3. ROHRER指数

是反映身体发育充实程度的指标，其值随年龄的增长而减小，适用于学龄期儿童及青少年（7~17岁）。

ROHRER指数＝{体重（kg）/[身高（cm）]³}×10⁷

评价标准：＞156为过度肥胖；156~140为肥胖；140~109为中等；109~92为瘦弱；＜92为过度瘦弱。

4. VERVAECK指数

又称维尔维克指数，用于评价青年的体格发育状况。它是体重与身高之比和胸围与身高之比的总和，充分反映人体纵轴、横轴和组织密度，与心肺和呼吸机能关系密切，是一个很好的评价体质、体格状况的指数。

VERVAECK指数＝{[体重（kg）＋胸围（cm）]/身高（cm）}×100；

评价标准见表4-7。

表4-7 中国青年VERVAECK指数营养评价标准

营养状况		男	17岁	18岁	19岁	20岁	＞21岁
		女		17岁	18岁	19岁	＞20岁
优	＞		85.5	87.5	89.0	89.5	90.0
良	＞		80.5	82.5	84.0	84.5	85.0
中	＞		75.5	77.5	79.0	79.0	80.0
不良	＞		70.5	72.5	74.0	74.0	75.0
极不良	＜		70.5	72.5	74.0	74.0	75.0

引自：吴坤.营养与食品卫生学[M].5版.北京：人民卫生出版社，2003年8月.

三、营养缺乏症的体征检查

不同的临床表现常与某种特定的营养素缺乏有关，营养状况的临床评价是根据临床体征来确定的。临床症状及体征的出现有一个渐变的过程，当贮存的营养素不足或耗尽时才出现营养素缺乏的临床表现。因此，当体检发现营养缺乏症时，说明营养不良已经历了较长过程。具体情况见表4-8。

表4-8 不同部位及脏器营养缺乏的常见体征

部位	体征	缺乏或障碍的营养素
头发	失去光泽、稀少	维生素A或蛋白质
面部	鼻唇窝脂溢性皮炎	维生素B_2（核黄素）
眼睛	结膜苍白	铁缺乏（贫血）
眼睛	毕脱斑、结膜干燥、角膜干燥、角膜软化	维生素A
眼睛	睑缘炎	维生素B_2（核黄素）
唇	口角炎、唇炎、口角结痂	维生素B_2（核黄素）
舌	舌色猩红或牛肉红	维生素PP（烟酸）
舌	舌色紫红	维生素B_2（核黄素）
牙齿	氟斑牙（斑釉齿）	氟过量
牙齿	齿龈松动、肿	维生素C（抗坏血酸）
皮肤	干燥、毛囊角化	维生素A
皮肤	出血点、瘀血点	维生素C（抗坏血酸）
皮肤	癞皮病皮炎	维生素PP（烟酸）
皮肤	阴囊炎、会阴皮炎	维生素B_2（核黄素）
皮下组织	水肿	蛋白质
皮下组织	脂肪减少	热能不足
皮下组织	脂肪增多	热能过量
指甲	反甲（舟状甲）	铁
内分泌腺	甲状腺肿大	碘
心脏	心脏及心腔扩大、心动过速	维生素B_1
肌肉及骨骼	消瘦	营养不良
肌肉及骨骼	颅骨软化、方头、骨骺肿大、前囟未闭、下肢弯曲、串珠肋	维生素D
肌肉及骨骼	肌肉及骨骼出血	维生素C（抗坏血酸）
消化系统	肝肿大	蛋白质-热能
神经系统	精神性运动的改变	蛋白质-热能
神经系统	精神错乱	维生素B_1、维生素PP
神经系统	肌无力、位置感及震动感丧失、髌腱及跟腱反射减退或消失、腓肠肌疼痛	维生素B_1（硫胺素）

第三节 生化检查

生化检查是通过生物化学实验原理与方法，测定被检查者血液、尿液、粪便、脑脊液等中的营养素含量及与营养素有关的代谢产物等，了解体内营养素的贮存量和代谢情况，有助于早期发现营养素的缺乏或不足。常用的生化指标、评价标准及其蕴含的功能意义见表4-9。

表4-9 常用的生化指标、评价标准及功能意义

检查项目	评价标准	功能意义
血葡萄糖（mmol/L）	空腹：3.9~6.1	降低时提示胰岛β细胞增生或肿瘤、某些内分泌疾病、长期营养不良、饥饿或剧烈运动等
血清总蛋白（g/L）	6~17岁：≥60正常，<60不足；成人：≥65正常，60~64不足，<60缺乏	不足或缺乏时提示蛋白质摄入不足，或严重的肝、肾疾病，如肝硬化、慢性肾炎等
血清白蛋白（g/L）	成人：35~55正常；30~35轻度缺乏；25~30中度缺乏；<25严重缺乏	意义同上，缺乏时可引起水肿、创伤难愈合、免疫功能下降等
血红蛋白（g/L）	6~17岁：≥120正常，<120缺乏；成年男子：≥130正常，<130缺乏；成年女子：≥120正常，<120缺乏	缺乏时称为贫血。可由于合成减少，如铁或蛋白质摄入不足引起；也可由于红细胞破坏过多，如溶血性贫血等
血清运铁蛋白（g/L）	18~25	体内缺血或长期失血时升高；恶性贫血、肝病、补铁过多时降低
视黄醇结合蛋白（g/L）	26~76	是反映膳食中蛋白质营养最灵敏的指标，缺乏时意义同血清白蛋白
血清甘油三酯（mmol/L）	<1.47或<130mg/dl	高脂、高糖、高热量饮食时升高；糖尿病、肥胖症、动脉粥样硬化者也可升高

147

（续表）

检查项目	评价标准	功能意义
血清胆固醇（mmol/L）	<5.95或<230mg/dl	食入富含胆固醇的食物，如蛋黄、动物内脏等可升高
血清高密度脂蛋白胆固醇（mmol/L）	0.88~1.76	降低时发生动脉粥样硬化的危险性增加，升高时发生动脉粥样硬化危险性降低
血清维生素A（mg/L）	儿童：300~900正常，<300不足；成人：200~900正常，<200不足，<100缺乏，>900过多	低于正常值提示摄入不足，可引起夜盲症、结膜角膜干燥、皮肤干燥等
血清β-胡萝卜素（μg/L）	850~2620	在体内可转化为维生素A，摄入不足时可引起维生素A降低
血清维生素C（mg/L）	4~8正常，<4缺乏，8~12充裕	食物中摄入不足时降低，可引起牙龈炎、皮下出血、结缔组织形成不良
尿维生素C（mg/4h）	负荷试验：口服500 mg维生素C后，4小时尿中总排出量5~13为正常，<5为不足，≥13为充裕	意义同上
尿维生素B_1（mg/4h）	负荷试验：口服5mg维生素B_1后，4小时尿中总排出量200~399为正常，<200不足，≥400为充裕	食物中摄入不足时降低，可引起食欲减退、乏力、心悸、气促、浮肿、多发性神经炎、心脏扩大等
尿维生素B_2（mg/4h）	负荷试验：口服5mg维生素B_2后，4小时尿中总排出量800~1300为正常，<800为不足，≥1300为充裕	食物中摄入不足时降低，可引起视力模糊、口角炎、舌炎、唇炎、脂溢性皮炎等
尿维生素PP（mg/4h）	负荷试验：口服50 mg维生素PP后，4小时尿中甲基烟酰胺总排出量3.0~3.9为正常，<3.0为不足，≥4.0为充裕	食物中摄入不足时降低，可引起对称性皮炎、舌炎、腹泻、精神神经异常
尿肌酐（g/24h）	成年男子：0.9~1.8 成年女子：0.8~1.5	蛋白质营养不良时降低

第四章　营养调查与评价

（续表）

检查项目	评价标准	功能意义
肌酐—身高指数	24小时尿肌酐排出量÷相同身高健康人24小时尿肌酐排出量 0.9~1.1为正常，0.8~0.9为轻度营养不良，0.6~0.8为中度营养不良，<0.6为重度营养不良	蛋白质营养不良时降低
血清铁（Fe）（μmol/L）	成年男性：13.6~28.3 成年女性：10.7~31.0	营养不良、吸收不良时可致降低，最常见的可引起贫血、乏力、头晕、心悸、气急、面色苍白等
血清锌（Zn）（μmol/L）	成人：101~119	摄入不足时可致降低，可引起生长发育迟缓、性成熟延迟、食欲减退、伤口不易愈合等
血清铜（Cu）（μmol/L）	成人：14~19	降低：见于铜代谢障碍，如肝豆状核变性； 增高：见于阻塞性黄疸、恶性肿瘤、感染性疾病、甲状腺机能亢进等
血清镁（Mg）（mmol/L）	成人：0.8~1.2	摄入不足时可致降低，通常血钙过高，神经肌肉的兴奋性升高，见于吸收不良及脂肪泻、糖尿病酸中毒昏迷、甲亢等
离子钙（iCa^{2+}）（mmol/L）	成人：2.2~2.7	降低：与严重的胰腺炎有关 增高：见于甲状腺机能亢进、恶性肿瘤等
血清钠（Na）（mmol/L）	成人：136~145	摄入不足时可致降低，多见于严重呕吐、严重腹泻、大量使用利尿剂、长期低钠饮食、出汗过多等
血清钾（K）（mmol/L）	成人：3.5~5.3	摄入不足时可致降低，常见于严重腹泻、呕吐、肾上腺皮质功能亢进、长期低钾饮食、禁食或厌食、大量使用利尿剂、代谢性碱中毒等

第五章　运动员营养

人体在运动时，机体的物质代谢过程加强，热能和各营养素的消耗增加，体内的激素效应与酶促反应过程随之活跃，加之酸性代谢产物堆积、失水、电解质紊乱等因素，使机体的内环境（internal environment）发生了剧烈的变化，这一切变化还需在运动后得到迅速的恢复，这就要靠营养物质来补偿和调整。因而，运动员在营养上有着特殊的要求。

运动员营养就是研究运动员在不同训练或比赛情况下的营养需要、营养素与机体机能、运动能力、体力适应和恢复以及运动性疾病等的关系。旨在促使运动员合理营养、身体健康、机能状态良好，进而提高运动成绩。

第一节　运动员合理营养

运动员作为特殊营养需求人群，在遵循运动项目和营养需求特征的基础上，依然要重视合理营养问题，甚至比普通人群更为重要。运动员合理营养主要表现在两个方面：能量摄入是否满足个体需要，各营养素之间以及营养素内部构成要素之间是否平衡。

一、运动与能源物质

（一）运动与蛋白质

蛋白质在运动员营养中具有特殊的重要性。有研究报道，运动员在大运动负荷训练时，蛋白质分解代谢增强，血中非蛋白氮含量和尿中氮排出量均增加，并出现负氮平衡，在剧烈运动时皮肤排汗还会丢失大量的汗氮。系统的体育运动会使肌细胞的蛋白质增加，这在成年运动员中表现为瘦体重增加，在儿童、青少年中则表现为促进生长发育。研究还表明，氨基酸可为运动时的能量消耗提供热能5%~15%。人体组织蛋白的更新以及运动员组织损伤的修补亦需要蛋白质。

综上所述，运动员蛋白质供给量比一般人高，成年运动员为1.8~2g/kg，少年运动员为2~3g/kg，儿童运动员为3.0~3.4g/kg。按百分比计算，运动员的蛋白质供给量占总热量的15%~20%。运动员的蛋白质营养不仅应满足数量的要求，在质量上应有1/3以上的优质蛋白质供给。

运动员进行剧烈运动或训练的初期，由于细胞破坏的增加，肌肉蛋白和红细胞再生等合成代谢亢进，以及应激时激素和神经调节等反应，常发生负氮平衡甚至运动性贫血（exercise anaemia），而经过一段时间适应后氮平衡改善。因此，在大运动量的训练初期应适当加强蛋白质营养。据日本资料报道，蛋白质摄入量达2g/kg以上，即可防止运动性贫血。长时间剧烈的耐力训练、力量训练及大强度、多次数的训练均应增加蛋白质的供给量。热能缺乏和糖元贮备少时将增加蛋白质的需要量。控制体重的运动员，应适当选择蛋白质营养密度高的食物以满足需要，蛋白质食物的热量可达到总热量的18%。运动员出汗多时，汗氮的丢失也会增多，蛋白质需要量随之增加。

研究表明，过多摄入蛋白质，对改善肌肉体积和功能没有明显作用。蛋白质代谢产物会增加肝、肾的负担，并容易疲劳（fatigue）；大量蛋白质会使机体脱水、脱钙，可诱发痛风；高蛋白对水盐代谢不利，可能导致泌尿系统结石或便秘；高蛋白膳食常伴随高脂肪的摄入，会增加中老年人动脉硬化和高血脂症（hyperlipoidemia）的风险。

（二）运动与脂肪

在氧供充足的情况下，就运动员提高训练水平和运动成绩而言，脂肪酸进行氧化分解，可产生大量能量。运动强度小于最大吸氧量55%时，应限制运动员过多地摄入脂肪。其原因首先在于脂肪供能耗氧多，在氧供不足时脂肪代谢不完全，而且其酸性中间代谢产物蓄积，对机体和运动有不良影响；其次，过多食用脂肪会降低蛋白质、铁等其他营养素的吸收，还会带入外源性的食物胆固醇，引发高血脂症，使血液黏稠、流动缓慢，血液的气体运输效率减弱，耐力水平下降并引起疲劳；再次，由于脂肪不易消化，在胃内滞留时间长，而运动中机体的消化机能常处于抑制状态，故不提倡训练前食用高脂肪膳食。然而，脂肪不足时，由于食物的感官性状下降，会造成食物的摄取量减少，且运动员的膳食要求量少质精、产热量高，因此，脂肪供给量也不可大幅减少。运动员膳食中适宜脂肪量应为25%～30%。登山运动员经常处于缺氧状态，膳食中的脂肪量比其他运动员应少些，可降至20%。游泳及冬季运动项目（如滑雪、滑冰等）因机体散热量较大，食物中脂肪的比例可适当加大，但也不可超过总热量的35%。

（三）运动与糖

糖是人体运动的主要能量来源，对人体运动能力有很大影响。因此，如何利用糖来提高运动成绩，是运动营养学中的重要课题。

糖在体内氧化具有产能迅速、耗氧量少、代谢完全、终产物不增加体液酸度等优点。人体内糖的贮备总量为300～400g，总的发热量相当于5.01～6.69MJ（1200～1600kcal），很多项目如马拉松、长距离滑雪、竞走等，能量消耗都在4.18MJ（1000kcal）以上，有的甚至可达8.36～16.72MJ（2000～4000kcal）。所以，在长于1小时的长跑、长距离游泳、自行车、滑雪、足球、网球等运动中，体内糖原会耗竭。研究表明，人体肌糖原（muscle glycogen）水平与耐力成正相关，并受膳食中碳水化合物含量的影响。因此，运动员合理补充糖分，可提高耐力水平。

1. 补糖的意义

运动员膳食中碳水化合物的供给量为总热量的50%～60%，大强度耐力训练的运动员为60%～70%，缺氧运动项目的运动员为65%～70%。短时间（<40分钟）或低强度运动不需要补糖，运动时间大于80分钟、强度在最大吸氧量（maximal oxygen uptake）的65%～75%时，补糖才可提高耐力。按照时间节点，运动员补糖分为运动前、运动中和运动后。运动前补糖可使体内有充足的肝糖原（liver glycogen）和肌糖原；运动中补糖可提高血糖（blood glucose）水平，节约肌糖原损耗，减少蛋白质和脂肪酸供能比例，延缓疲劳发生，提高耐力；运动后补糖可使肌糖原尽快得到补充与恢复。

2. 补糖的方法

运动前补糖宜安排在赛前数日内、赛前2小时或赛前即刻，应避免在赛前15~45分钟内补糖。方法可通过饮食中增加糖，比例至总热能的60%~70%（或10g/kg体重）和赛前服用含糖饮料（低聚糖或葡萄糖）或高糖食物。

运动中补糖宜采用少量多次（间隔15~60分钟）饮用含糖饮料，或食用易消化的食物（如面包、蛋糕等）的方法。炎热环境中，运动员大量出汗，糖的浓度以2.5%为宜；寒冷环境下，糖浓度可增加到10%~15%。液体总容量<600ml/次，温度5~15℃，以低聚糖为佳。补糖的量应限于50g/h或1g/kg。

运动后补糖时间越早越好，糖原合成酶的活性在运动结束后前5小时最高，如能做到运动后即刻至2小时内，至多6小时以内摄糖，摄糖量为0.7~1g/kg，则可使肌糖原贮备达到最大值。在运动后前几小时内食用单糖，糖原再合成率高于复合糖。若条件允许，运动后补充葡萄糖和低聚糖饮料效果最佳。需要注意的是，为适应耐力训练的需要，使肌糖原贮备尽快恢复，应在每日摄取高碳水化合物（60%~70%，500~600g/d）食物的基础上适量补糖。

二、运动与热能

体育运动的热能代谢强度大、消耗率高，并伴有不同程度氧债（oxygen debt）。其代谢率为安静时的2~3倍，甚至100倍以上。若将1小时训练课的热能消耗与不同强度体力劳动热能消耗相比，发现大多数运动项目的热能消耗量相当于或超出重体力或极重体力劳动的水平。运动员的热能需要量主要取决于运动强度、运动密度和持续时间，还与运动员的体重、年龄、训练水平、营养状态、环境等多种因素有关。

（一）运动员热能供给

运动员膳食的蛋白质摄入量较高，食物特殊动力作用高于常人（15%），而基础代谢与常人无显著性差异。体育运动的热能消耗因项目和运动量的不同有很大的差别。进行3~5小时的训练，集训队员一日的能量消耗多在4.18 MJ（1000kcal）以上，有的高达8.36~13.38MJ（2000~3200kcal），约占总热能的20%~64%。

（二）供能比例

膳食中蛋白质、脂肪和碳水化合物所占比例，对机体代谢状况和工作能力有一定的影响，合适的比例有利于体内代谢过程的进行和更好地发挥工作能力。

在制定膳食计划时，我们应根据不同运动项目的代谢特点，适当调整供能物质的比例。如力量性运动需要提高蛋白质比例；耐力性运动需要提高碳水化合物比例；游泳和冰雪运动可适当提高脂肪的比例；登山运动员在高山缺氧环境下，膳食中脂肪量则应减少。若按比例显示，大部分项目的运动员膳食的脂肪量应略为减少，三大供能物质的比例应为1∶0.7~0.8∶4。

（三）运动员热能营养的评定

运动员热能营养评定的方法与常人一致。系统训练后，因肌肉增长可使运动员体重增加，而大量出汗可使体重减轻。另外，运动员由训练的过渡期进入准备期时，脂肪细胞缩小或失水，也可使体重略为降低。

国内外对运动员身体成分的研究表明，系统的运动训练可使瘦体重百分比增加，而体脂百分比下降。运动员的瘦体重与运动能力呈正相关。当运动员的体重及体脂同时增长时，多提示运动量不足或摄入热量过多，而体脂不变或减少时，提示瘦体重增加，与肌肉增长有关。除疾病因素外，当体重及体脂均减少，可能由于运动消耗过大，或热能摄入不足所致。

运动员热能摄入不足，常见于大运动量消耗不能获得适宜的补充。大运动量后因疲劳可使食欲下降；过度控制饮食可引起消化功能紊乱或神经性厌食，均可造成热能营养不良。长期热能摄入不足会引起消瘦、运动无力、免疫力下降、多种营养素缺乏，还会损害健康和运动能力。应及时发现，找出原因并尽快纠正。

三、运动与无机盐、维生素

尽管无机盐和维生素不是供能物质，但在新陈代谢和运动中具有重要作用。

（一）无机盐

无机盐对机体代谢、内环境稳态、神经肌肉兴奋性、心血管功能及运动能力具有重要作用。运动时机体代谢旺盛，无机盐消耗及随汗丢失增加，而大负荷训练又使机体吸收能力降低，因而运动员很容易造成无机盐缺乏。所以，膳食中应注意提供充足的无机盐，以满足他们的需要。

长时间运动且不能适宜进餐的运动员，还应考虑随汗液丢失的钠、氯、钾及镁等元素的及时补充。除饮用适量电解质饮料外，运动员氯化钠的补充可采取多吃菜，如咸鱼、火腿、咸菜或菜汤等食品；钾盐的补充可采取多吃水果、蔬菜、牛肉和鱼等食品；富含镁的食物主要有干果、海产品、豆类、水果及绿叶蔬菜。过多补充无机盐对提高运动能力无效，尤其在脱水的情况下，过多的无机盐摄入还会引起需水量增加，导致胃肠功能紊乱。

（二）维生素

维生素在运动员营养中具有特殊的意义。运动时机体物质代谢旺盛、酶活性增强、激素分泌增加、出汗量大，这些因素均可增加维生素的需求量。需要量多少取决于运动负荷、机能状况和营养水平。运动员容易缺乏或不足的维生素主要有维生素B_1、维生素B_2、维生素A和维生素C。维生素缺乏可使运动能力下降，易疲劳和损伤、抵抗力下降、且伤后康复较慢。当及时补充适量维生素后，机体机能改善，运动能力恢复或提高。

维生素营养主要来源于日常膳食。大运动量训练或控制体重期添加食物营养密度不够时，维生素不能满足正常需要，应适当补充维生素制剂。

四、运动员合理营养的基本要求

运动员合理营养是保持良好运动状态、身体成分、体适能及防治运动性疾病等的重要基础。

（一）保持热能及营养平衡

为保证运动员训练、比赛和各种活动的需要，应维持热能平衡。低、中量的运动能促进食欲，而剧烈运动后的食欲常受到抑制，应注意大运动量后的热能供给。

膳食中的蛋白质、糖和脂肪的供给，应根据不同运动项目及训练周期的需要，采取适宜的比例，保证足够的维生素、无机盐和水的供给。剧烈运动会造成体内酸性代谢产物堆积，为保持酸碱平衡，增加碱储备，运动员应多摄入蔬菜、水果等碱性食物。膳食中应含有蛋白质食物（肉、鱼、禽、蛋、豆、奶及奶制品等）、蔬菜和水果、粮谷类食物及脂肪、糖等纯热能食物。参加集训的运动员，其热能消耗量为14.63~18.39MJ（3500~4400kcal）时，每日应有300~400g主食及肉类、250~500ml牛奶、500g以上的蔬菜、少量的豆腐或豆制品等。

（二）食物体积宜小、易消化

正常情况下，普通膳食的胃排空时间为3~4小时，精神紧张和疲劳可使胃排空时间延缓至5~6小时。由于紧张的训练和比赛，运动员的交感神经常处于兴奋状态，加之运动后的疲劳，其消化功能常减弱。因此，运动员的膳食宜浓缩、热量高、体积小，每日总重量不超过2.5kg。

另外，不同食物消化时间不同，糖消化较快、脂肪较慢；不同方法烹制的食品消化时间也不同，如半熟的鸡蛋比熟鸡蛋易消化，炸肉排比炖肉排难消化等。同时，要选择新鲜的食物，在烹调加工时应避免营养素的损失，并做到色、香、味俱全，促进食欲。

（三）膳食制度

运动员应定时进餐，饮食有节，不喝烈酒，不吃刺激性食物。运动员的进餐次数除日常基本三餐外，最好增加1~2次点心，这对于热能消耗量大的青少年运动员尤为重要。进餐时间与活动或比赛时间应有一定间隔,特别是早、中、晚三餐。一般应在运动结束30分钟后再进餐,大运动量后要休息45分钟以上。进餐后,一般应间隔1.5~2小时才能运动。禁止空腹进行紧张或长时间的训练和比赛。加餐不强调间隔时间,但要求食物易于消化吸收,不增加消化器官负担。

三餐食量分配,应根据运动员具体情况来安排。原则上是运动前餐食量不宜过多,要易消化、少脂肪和粗纤维。运动后餐食量可略多,但晚餐量不宜过多,也不宜有难消化或刺激性的食物。早餐应摄入较充分的蛋白质和维生素,对整个上午生理机能保持较高水平有利。晚餐脂肪和蛋白质摄入量不宜过多。

(四)营养补剂

运动员在维持膳食平衡的情况下,无需额外补充营养品。既要预防营养不足,也应防止营养过度。过多的热能可引起超重或肥胖,过量的糖、油脂和盐可引发高脂血症或心脑血管病,过量的维生素A、维生素D可致蓄积中毒。

第二节 竞技运动项目的营养特点

竞技运动项目因其技术特点、难度、强度不同,对物质代谢过程及体能要求也不尽相同。在运动员营养中必须引起足够重视。

一、速度性运动的营养特点

速度性运动的代谢特点是能量代谢率高,运动中高度缺氧,主要依赖磷酸原系统(the phosphagen systems)和糖无氧酵解(the glycolytic systems)供能,短时间产生大量乳酸等代谢产物。因此,膳食中应含较多易吸收的糖、维生素B_1和维生素C。为满足神经和肌肉代谢的需要,应供给蛋白质丰富的食物和磷。蛋白质的供给量应为每日2g/kg,占总热量的15%,优质蛋白质至少应占1/3。为使体内碱储备充足,还应多吃蔬菜、水果等碱性食物。

二、耐力性运动的营养特点

耐力性运动一般用时较长,代谢特点表现为热能与营养素的大量消耗。能量代谢以有氧氧化为主。肌糖原消耗大,蛋白质分解加强,脂肪供能比例随运动时间延长而增加。因此,为增加体内糖原贮备,应供给充足的糖,占总热量的50%~60%,大负荷训练或比赛可提高至70%。为保证运动员的血红蛋白(hemoglobin)和呼吸酶活性处于较高水平,应供给富含蛋白质和铁的食物(如瘦肉、鸡蛋、绿叶蔬菜等)。食物体积宜小,为减轻胃肠道负担,膳食中可适当增加脂肪含量(占总热量的30%~35%)。为促进疲劳的消除和恢复体力,还应供给充足的维生素C和维生素B。

此外,凡能增加肌糖原贮备,节约或减少肌糖原消耗的措施,如赛前高糖膳食、赛中补糖、提高脂肪酸的利用等均可采用。在诸多方法中有一种叫"糖原充填法"(glycogen loading),具体内容已在第二章第二节中有所论述。

三、力量性运动的营养特点

力量性运动的特点是肌肉力量大且爆发力强。肌肉对蛋白质的需要量大,特别在训练初期,要供给充足的蛋白质(2g/kg以上、占总热量15%)和维生素B_2,在肌肉增长期和减重期蛋白质供给量可达18%~20%,优质蛋白质应占1/3以上。为保证神经肌肉的正常功能,钠、钾、钙和镁的补充也很重要。同时,对糖、铁、维生素B_1和维生素C的需要量也较多。

四、技巧性运动的营养特点

技巧性运动的热能消耗量不大,但对机体的协调性要求高,神经系统较紧张。为完成高难度动作,还要求运动员的体重和身体成分控制在一定范围内。膳食中应有充分的蛋白质供给,占总热量的12%~15%,控制体重期可达18%左右。为保证神经系统的机能,需要较多维生素B_1、维生素C和磷。膳食中脂肪不宜过多,以免影响体重和体脂。

五、球类运动的营养特点

球类运动以动力性活动为主，对力量、速度、耐力和灵敏等素质均有较高的要求。不同球类运动、不同活动位置的运动员，其能量消耗均不相同。其中，足球运动员的能量消耗最大，每日能量消耗在20.90MJ（5000kcal）以上，一场足球赛跑动的距离可达10~15km。据已有资料显示，各国足球运动员的营养供给比较全面，食物的热量应当充分。球类运动的比赛间歇期，一般不加食，可服用少量含水果酸及维生素C的饮料，若感到饥饿，亦可在饮料中加少许葡萄糖。

六、游泳运动的营养特点

游泳运动因在水中进行，水温一般较低、且阻力大，造成运动员散热量增加，能量消耗随之也增加。因此，游泳运动员的膳食热能需求大，空腹游泳易致低血糖。同时，还需摄入较多的脂肪和维生素A，以利于保持体温和保护皮肤。短距离游泳运动员需摄入较多的蛋白质，长距离游泳运动员需摄入较多的糖、维生素和无机盐。

第三节　比赛期的营养

运动员的竞技运动成绩取决于科学的训练、良好的竞技能力和心理状态。合理的饮食营养有助于运动员取得最佳运动成绩，并能促进运动后体力的恢复。比赛期的营养包括赛前营养、赛中营养和赛后营养三部分。

一、赛前营养

比赛期前的营养安排，对运动员比赛时体内的营养状况和机能状态有很大影响。一般赛前10天为训练调整期，营养也应随之调整。此时的营养任务主要是使运动员保持适宜体重,增加体内糖原、碱及维生素储备,适应比赛需要。具体要求是:①保持适宜体重和体脂;②增加糖原贮备;③增加碱储备;④增加维生素供给量;⑤适宜比赛饮食。

二、赛中营养

运动员在比赛中处于高度紧张状态,消化机能减弱,故赛前一餐对运动员比赛时的生理状况有很大影响。时间短的比赛项目不存在比赛中营养不足的问题,但时间长的比赛项目消耗较大,所以赛前一餐的营养十分重要。赛中营养的原则是:不妨碍比赛时机体的各种生理应激,有利于机体代谢的正常进行。具体要求如下。

(一)食量不宜多

食物量不要太多,体积要小,重量要轻,能提供2.09~4.18MJ(500~1000kcal)的能量,以七成饱为宜。

(二)易消化吸收

食物要易于消化吸收,油腻的食物、味道很重的食物(特别要注意低盐)、含粗纤维多(如芹菜、韭菜等)和易产气的食物(如大豆等)均不宜食用。

(三)产能营养素比例适当

为维持血糖水平,一般要求高糖、低脂肪、低蛋白质膳食。长时间的比赛项目可适当增加脂肪摄入,避免过早产生空腹感和低血糖的情况。

(四)用餐时间科学

比赛前2.5~3小时进餐较佳。有身体接触的格斗性项目(如摔跤、柔道等),应在胃内容物基本排空情况下进行比赛,避免胃部受伤或产生不适感觉。能量摄入较小者（500kcal以下），进餐时间可延至赛前1.5小时。

（五）适量加服维生素C

重大比赛前可加服维生素C（150~200mg）。因维生素C服后30~40分钟才起作用，短时间项目应在赛前30~40分钟服用，长时间项目在赛前服用即可。

另外，赛前一般不宜服用咖啡或浓茶，避免引起比赛中的利尿作用。赛前不可服用含酒精的饮料，因为酒精会延缓反应时，产生乳酸盐，影响微细协调能力。

（六）营养补充

持续时间较长的比赛，体力消耗很大，肌糖原和血糖水平下降明显，易产生疲劳。为及时补充能源物质和水分的消耗，可在比赛途中或间歇期补充食物和饮料。这类饮料应该是低渗和低张的；这类食物以含糖为主，以容易消化吸收的液体状或含各种营养素的流质膳食为好。

三、赛后营养

运动员在进行紧张激烈的比赛后，及时而合理地补充营养，有助于消除疲劳和恢复体力。大强度比赛后即刻服用100~150g葡萄糖，可促进肝糖原储备，对恢复血糖水平和减少血乳酸含量，均有良好作用。

赛后2~3天内的膳食，应保持高热量（易吸收的糖和蛋白质）、低脂肪水平。还需补充水、维生素B_1、维生素B_2、维生素PP、维生素C和无机盐，特别是钾（菜汤、糖—电解质饮料）等。

第四节　特殊环境的运动营养

运动员在高温、低温或高原环境训练或比赛时，机体处于环境和代谢双重应激状态，内环境稳态发生变化，代谢和营养需要也随之改变。面对这些特殊环境，人体会逐渐适应并重新建立能统摄内外环境的新平衡。合理安排特殊环境下的运动员营养，有助于提高运动员的适应能力、运动成绩和健康水平。

一、高温环境

通常把30℃以上的环境称为高温环境。在高温环境中训练时，由于代谢产热和环境热两种因素的叠加作用，使机体处于应激状态。体温增加使毛细血管扩张而引起大量出汗，血容量减少、循环血量减少造成心血管负担加重。同时，由于钠、钾、镁等电解质的丢失，可发生热病、热衰竭甚至中暑。

（一）营养代谢特点

1. 食欲减退、消化不良

由于高温时食物中枢兴奋性下降，消化液的分泌减少，导致食欲减退，消化不良。食物中枢的抑制与口渴引起的饮水中枢兴奋有关，如合理补充水和无机盐，将有助于提高运动员食欲。

2. 热能代谢增强

根据美国的热能供给标准，在30~40℃的环境温度中训练，每增加1℃，增供热能0.5%。儿童、青少年运动员，夏季集训时，运动量比平时显著增加，急需注意这类问题。另外，在高温环境训练时，监测运动员体重和体脂尤为重要。

3. 营养素消耗增加

人在脱水或体温升高的情况下，机体蛋白质和糖原分解代谢增强，出现负氮平衡。大量出汗使钾、钠、钙、镁、铁、锌等元素损失，这对体温调节、心脏和肌肉的功能有较大影响。高温环境使维生素B_1、维生素B_2、维生素C等消耗增加，均需及时补充。

（二）营养措施

1. 热能足量

热能的供给，应随环境温度的变化及时调整。高温环境训练或参赛的运动员进餐时，要采取促进食欲的措施。膳食宜清淡可口，主餐宜在早晚凉爽时间，餐前备少量冷饮、菜（肉）汤、绿豆汤等，凉菜宜多些。此外，进餐环境宜凉爽，餐前最好可淋浴，冲去全身热汗，保证舒适进餐。

2. 合理补液

高温环境训练时，合理补液是预防热病的重要措施。补液宜少量多次，运动中的补液量应达到失水量的1/3～1/2为佳。

3. 营养强化

高温环境下训练或参赛，除适当食用粗粮、小米、豆类等外，蛋白质供给量应占总热量的15%、脂肪占25%～30%为宜。当运动员出汗量多于3L时，可补充含电解质饮料，特别是含有钠盐的液体。膳食应增供富含钾（牛肉、绿叶菜、水果等）及维生素（维生素B_1、维生素B_2、维生素C和维生素A）的食物，多选生冷蔬菜和新鲜水果（西红柿、黄瓜、小萝卜等）。

二、低温环境

通常把10℃以下的环境称为低温环境。人体进入低温环境后，垂体—肾上腺系统紧张，代谢紊乱，内环境稳态失衡。

（一）营养特点

1. 热能消耗增加

冬季露天训练或比赛（冰雪项目），因外界环境气温低，为维持体温和正常代谢，机体产热量加大，加之装备衣着厚重，代谢率随之增强。冰雪项目以有氧代谢供能为主，运动强度为最大吸氧量的40%~50%。低温环境加剧脂肪和蛋白质代谢，尿氮排出量增加，出现负氮平衡。当肌糖原耗竭时，运动员易发生疲劳和运动损伤。

2. 水、无机盐丢失增多

低温环境下大强度运动时，出汗较多，可造成机体脱水，血容量减少，皮肤干燥，钠、钾、氯、磷酸盐及钙等排出量增加。合理补液有利于提高运动成绩。

3. 维生素代谢加强

低温环境中维生素需要量显著增加，尿中维生素B_1排出量减少，维生素B_6的排出量为正常的1/3~1/2。维生素B_2对肾上腺皮质功能有良好作用，维生素C对植物神经有调节作用。因此，补充维生素C、维生素B_1、维生素B_2有助于机体对低温环境的适应。低温环境下因日照偏少，容易缺乏维生素D，进而影响钙的吸收。

（二）营养措施

冬季膳食，特别是运动员饮食，应格外注意保温及体液补充。

1. 提供充足的热能

适当增加富含蛋白质及脂肪的食物，为维持体温、增加饱腹感及御寒能力，食物脂肪的产热量可提高至35%左右。蛋白质食物的产热量占总热量的14%~15%。若长时间在寒冷环境下运动，应强化糖类食物供给，促进糖原恢复和贮备。

2. 无机盐和维生素供给充足

当冬季蔬菜、水果供给不足时，可利用无机盐及维生素缓释制剂补充。维生素C及维生素B_1的供给量在正常基础上增加30%~50%，维生素B_2可增加至3~5mg/d。

三、高原训练

高原训练现已成为提高运动员无氧耐力的有效方法。地理学上将海拔500米以上的地域称为高原，高原地区普遍缺氧，也是高寒地区、温度较低，人体血氧饱和度（oxyhemoglobin saturation）下降。

（一）营养特点

1. 热能需要量增加

高原地区气温低，基础代谢率高，机体散热增加，为保温通常衣着厚重，运动时能量消耗额外增加。初上高原，消化功能、食欲、口渴感、饮食及饮水量、体重及体脂都明显下降，运动应酌情减量，待机体逐渐适应高原环境后再进行正常训练。

2. 糖及蛋白质代谢增强

机体缺氧时，葡萄糖吸收、糖异生及糖原贮备减少，糖原分解及无氧酵解能力增强，血乳酸水平升高。另外，机体蛋白质代谢增强，处于负氮平衡。因此，高糖、高蛋白膳食有助于提高机体无氧耐力，缩短适应高原环境的时间。

3. 脂肪氧化不完全

初上高原，因御寒和高原饮食特点，人体摄入脂肪量通常会增加，致血清游离脂肪酸和甘油三酯水平增加，又加上缺氧，脂肪酸氧化不完全，酮体产生随之增多；高脂膳食还会引起厌食，对急性缺氧极为不利。因此，高原训练宜选用低脂膳食。

4. 水盐及电解质代谢紊乱

急性缺氧时，细胞内代谢水产生减少，致渗透压升高而吸水，细胞随之肿胀，血容量、尿量及碱储备减少，血液被浓缩，血中钠、钾、氯浓度及pH值升高。

5. 维生素代谢增强

缺氧条件下，机体摄入与常压下等量的维生素B_1、维生素B_2、维生素C，而尿中排出量却增加，可见机体维生素代谢增强，维生素需要量也宜相应增加。

（二）营养措施

1. 热能充足

高原训练时，运动员的热能供给应在原运动量的基础上增加7%～25%（蛋白质：13%～15%，脂肪：20%～25%，糖：60%～70%）。初上高原（7～10天），应减少脂类的摄入，增加糖及易消化食物的摄入，一日4～5餐为宜，及时检测体重和体脂。

2. 增加补液量

高原空气干燥，运动时肺通气量明显加大，因呼吸失水增加3～4倍，机体易发生脱水。由此可见，高原训练补液很重要，应遵循少量多次的原则，每天要饮1L以上的水，最好补充富含钾、钠的饮料或矿泉水（3L/d，每升含葡萄糖3.56g、氯化钠0.47g、氯化钾0.30g、柠檬酸钠0.53g）。另外，宜随餐饮用一般液体0.5L。监测尿比重和体重可反映补液量是否足够。

3. 增加铁储备

铁在机体氧储运中具有非常重要的作用，对高原训练尤为关键。研究表明，低铁者不能增加红细胞比积，机体的摄氧及用氧能力均不能提高，造成最大吸氧量和运动能力下降。因此，即便非贫血运动员在高原训练前，体内也需有充足的铁储备，需口服高剂量的铁剂（小儿：液体铁剂，3次/天，200～250mg），女运动员在经期和经期后7天，服铁剂量应适当增加，并辅以维生素B、维生素C。

4. 增补维生素

在高原地区，机体对维生素需要量大增。补充维生素能提高运动员无氧耐力，增强对高原的适应能力，并减轻疲劳。在高原，运动员除从日常膳食中摄取维生素外，还可每日增补维生素C（100mg）、复合维生素B（10mg）、维生素E（60mg）。

5. 膳食注意事项

在高原要少吃油腻及油炸食物，肉品可选择牛肉、羊肉、瘦猪肉、鸡、鱼等。还可选用肉汁、浓菜汤、调味品、鲜柠檬、酸泡菜、咖啡、茶等激活消化功能。每人每天应吃500g蔬菜、500g水果，喝500g牛奶。

第五节 运动员营养的生化评价

在训练或比赛中，运动员有时会出现头晕、目眩、脱水、乏力等情况，可能因为人体在大量或剧烈的运动中能量消耗加剧、微量元素及维生素缺乏所致。这对正常技术动作发挥及运动成绩影响很大，通过生化检测能有效地评定运动员的营养状况。一般通过采集运动员血液、头发、尿液、指甲等成分，检测各种营养素及其代谢产物的水平，借此评价运动员膳食营养状况，以期早期发现运动员营养问题（不良或过剩），为营养干预提供科学依据，通过营养补剂助力运动员获得最佳竞赛成绩。

运动员营养状况的生化检测主要从脂肪、蛋白质、维生素和矿物质等方面入手。重点检测运动员血液中营养素及相关成分的含量，尿液中营养素浓度、排泄速率、代谢产物及异常代谢物水平，与营养素相关的酶活性的变化，毛发和指甲中营养素成分的改变等。

一、脂肪评定

人体的脂肪分为体脂和血脂两部分，体脂主要分布在皮下和内脏器官周围，特别是腹腔脏器周围。人体能量的摄入量如果大于消耗量，则以脂肪的形式储存于体内，脂肪过多会造成肥胖，危害健康。运动员体脂的测量，常采用水下称重法、皮褶厚度测定法、生物电阻抗法等方法。这些方法在一定程度上反映出身体脂肪的含量。通过测量运动员体脂分布及含量，可以间接判断其能量是否平衡。

（一）血脂评定

血脂是人血浆中脂肪的总称，包括甘油三酯（TG）、血清总胆固醇（TC）、低密度脂蛋白胆固醇（LDL-C）和高密度脂蛋白胆固醇（HDL-C）等。正常参考值见表5-1。

表5-1　正常血脂参考值范围

指标	正常参考值（mmol/L）
甘油三酯（TG）	0.45~1.80
总胆固醇（TC）	2.30~5.80
低密度胆固醇（LDL-C）	1.20~3.30
高密度胆固醇（HDL-C）	0.70~2.20

高血脂及高脂血症是造成动脉粥样硬化的重要原因。长期规律的耐力训练可强化脂肪代谢，使血浆TC保持较低的水平。研究显示，运动员的血浆TC水平显著低于同龄非运动员，且耐力项目运动员HDL-C水平明显高于同龄非运动员。HDL-C有利于LDL-C和TC的清除，改善人体血脂代谢，耐力项目运动员的HDL-C/LDL-C比值高于其他项目运动员。运动员膳食中脂肪的适宜摄入量占总能量的25%~30%为宜，过多脂肪会降低耐力，也会影响蛋白质和铁等营养素的吸收，限制运动员膳食中过多的脂肪摄入是必要的，如登山运动员经常处于缺氧状态，脂肪摄入量应更少些。对于冬季运动项目（滑雪等）而言，因机体散热量较大，膳食中脂肪摄入量应高些，但也不能超过总热量的35%。另外，运动员的血脂水平与其饮食习惯有很大关系，对肯尼亚地区进行调查发现，居民的脂肪代谢水平比其他人高，运动员的有氧代谢能力也较高，推测他们的膳食中有较多的茶成分。据此，许多研究都聚焦于运动中脂肪酸氧化供能的限制因素上。已有许多促进运动中脂代谢或提高运动能力的营养产品，如左旋肉碱、咖啡因、辣椒素等。

（二）必需脂肪酸评定

通过测定血中的二十碳三烯酸和花生四烯酸来进行必需脂肪酸的营养评价，以二者的比值来判断必需脂肪酸是否缺乏。测定方法采用的是气相色谱法或高效液相色谱法，若二十碳三烯酸/花生四烯酸比值大于0.4，则认为该运动员脂肪酸摄入正常。按照WHO建议，饱和脂肪酸：单不饱和脂肪酸：多不饱和脂肪酸=1：1：1，近期资料显示，因不饱和脂肪酸有降低总胆固醇和甘油三脂而不降低高密度脂蛋白的功能，建议在总能量摄入30%的脂肪酸中，饱和脂肪酸（动物油、黄油等）占比小于10%，单不饱和脂肪酸（油酸、花生油、橄榄油等）占比10%~15%，多不饱和脂肪酸（亚油酸、亚麻酸等）占比小于10%。研究还发现，多不饱和脂肪酸与血液中游离睾酮水平呈正相关，对提高人体运动水平有一定作用。

二、蛋白质评定

在运动中蛋白质虽然供能比例较小（5%~7%），但通过糖异生作用间接维持了血糖平衡，并且很多氨基酸代谢参与了体内酸碱平衡的调节，延缓运动疲劳的产生。运动后补充蛋白质有利于瘦体重增加和机体机能恢复。通过生化指标检测，有助于判断运动员蛋白质摄入及贮留情况是否合理。

（一）血液蛋白评定

血液蛋白质检测指标主要有：血清总蛋白、血清白蛋白、血清球蛋白、血清运铁蛋白、血清氨基酸等。长期的低血清蛋白质，表明机体蛋白质营养不良。蛋白质营养不良时，血浆蛋白浓度可以保持不变，但血液总体积降低。因此，除了测定血浆蛋白浓度外，还应同时测定血液的容积，以便校正。具体参考值见表5-2。

表5-2　蛋白质营养状况评价

生化指标	正常参考值（g/L）
血清总蛋白	60～80
血清白蛋白	35～55
血清球蛋白	20～30
血清运铁蛋白	2.0～4.0

（二）氮平衡评定

在运动训练实践中，经常采用氮平衡指标来评定运动员营养状况。氮平衡是机体蛋白质代谢状况的直接反映。根据凯氏定氮法，机体含氮量约为16%，即1g氮相当于6.25g蛋白质。据此测定每日食物中含氮量，可以间接地计算出蛋白质含量，测定每日尿液和粪便的含氮量可以估算体内蛋白质代谢量。健康的成年男性组织蛋白质合成与分解处于动态平衡，保持总氮平衡。但在具体操作中，因运动员日常膳食各种因素的交互影响，呼吸氮和汗氮的流失，可能造成运动员蛋白质需要量的降低，影响结果的准确性。

三、维生素评定

（一）维生素A

中国运动员维生素A的推荐摄入量是1500IU，比普通人高500～700IU。对于射击或冬季项目等对视觉要求敏锐的运动员来说，维生素A尤其不能缺乏。有调查发现，10%～25%的运动员维生素A摄入量低于推荐水平。通常采用以下方法测定运动员维生素A营养状况。

①视黄醇：它可以反映近期膳食中维生素A的摄入量和肝脏的释放量。当肝脏维生素A储量接近耗竭时，血液中的维生素A才明显降低，并且在短期内摄入大量维生素A时，才有明显的升高。

②视黄醇结合蛋白：它的合成及释出受维生素A水平的调节，所以可以评价维生素A的营养状况。

（二）维生素D

①血浆1,25-(OH)$_2$D$_3$浓度：它在血液中的水平与骨质或骨密度之间有很强的相关性。

②血清钙磷乘积或碱性磷酸酶活性：这两个指标通常用以判断佝偻病，也可以判断维生素D营养状况。

（三）维生素E

维生素E的推荐供给量（RDA）是8~10mg。国外研究显示，有1/3~1/2的运动员的维生素E摄入量低于推荐摄入量（RNI）的2/3。测评运动员维生素E状况通常采用以下方法。

①维生素E水平：采用高效液相色谱法可测定血浆中维生素E水平，它可直接反映体内维生素E的储存状况。血浆维生素E与总脂质有关，当血脂低时，维生素E水平相对也低，但并不意味缺乏，可用每克血脂中维生素E的含量计算。

②维生素E抗氧化能力：通过过氧化氢与红细胞相互作用，观察溶血程度，以评价运动员维生素E的营养状况。

（四）维生素B$_1$

调查显示，约有一半的运动员的维生素B$_1$摄入量低于RNI。测评运动员维生素B$_1$状况通常采用以下几种方法。

①4小时负荷实验：晨尿后服用维生素B$_1$5mg，收集4小时尿液，分析尿中硫胺素含量，判断运动员维生素B$_1$的营养状况。

②红细胞转酮醇酶活性：因维生素B$_1$是红细胞转酮醇酶的辅酶，测定该酶的活性可评判运动员维生素B$_1$的营养状况。

③葡萄糖负荷：空腹测定血丙酮酸含量，口服100g葡萄糖1小时后，再次测定机体血液丙酮酸含量，若高于空腹30%为正常。缺乏维生素B$_1$者空腹时丙酮酸含量增高，口服葡萄糖1小时后也高于正常值。

（五）维生素B_2

测评运动员维生素B_2的营养状况通常采用以下方法。

①红细胞核黄素类物质含量：红细胞中核黄素辅酶约占黄素类物质总量的90%以上，通过水解后荧光比色或微生物试验测定红细胞核黄素含量，以此反映运动员体内核黄素的营养状况。

②尿中核黄素类物质排出量：用高效液相色谱法测定空腹尿、24小时尿中核黄素的实际排出量，来评价机体维生素B_2的营养状况。

（六）维生素B_6

维生素B_6的RDA是2.0mg/d。测评运动员维生素B_6的营养状况通常采用以下方法。

①尿吡哆酸含量：测定尿吡哆酸的排出量可以反映近期膳食维生素B_6的摄入情况。其中4-尿吡哆酸排出量占维生素B_6摄入量的50%。

②红细胞转氨酶活性：测定它可评价长期维生素B_6的营养状况。

（七）维生素C

测评运动员维生素C的营养状况通常采用以下方法。

①维生素C含量：饱和状态下，血浆维生素C含量在1~1.4mg/dl，测定它可反映运动员近期维生素C的营养状况。白细胞维生素C水平也是反映体内维生素C储存状况的良好指标。

②尿负荷试验：口服一定量的维生素C，收集4小时尿液，测定维生素C总量待评。

（八）烟酸

普通成年人烟酸的RDA为6.6mg/4185.5kJ或14~19mg/d。中国运动员烟酸的RDA是25mg。红细胞辅酶I的含量可作为烟酸缺乏的灵敏指标，另外，也可通过尿负荷试验评价烟酸营养状况。

（九）叶酸

测定血清叶酸含量可以反映近期机体叶酸摄入情况，也可通过测定红细胞中叶酸含量评判体内组织叶酸储存状况。美国成年男子叶酸RDA为400mg，世界卫生组织RDA为200mg。

四、矿物质评定

（一）钙

血钙和尿钙都不宜作为运动员钙营养状况评价指标，具体方法如下。
①24小时尿羟脯氨酸/肌酐：该比值与膳食钙摄入量相关性较高。
②骨质测定：人体99%的钙存在于骨骼，测定它可直接反映机体钙的营养状况。不论男女，钙的RNI通常为800~1200mg/d。

（二）钠、钾

高温环境下，进行大强度训练的运动员（如网球运动员等），由于出汗量大、补液不及时，可能导致钠和钾缺乏的现象。一般通过血清钠、尿钠、血清钾和尿钾水平来评价运动员钠、钾的营养状况。人体血清钠、血清钾的正常值为：钠（136~145mmol/L），钾（3.5~5.3mmol/L）。

（三）铁

测评运动员铁的营养状况通常采用以下方法。
①血清铁蛋白：它是目前铁缺乏最灵敏的检测指标，血清铁蛋白能够反映早期机体铁耗竭状况。
②运铁蛋白饱和度：运铁蛋白饱和度＝血清铁÷血清总铁×100%，反映机体转运至骨髓的铁是否能满足血红蛋白合成的需要。

（四）磷、镁

调查发现，儿童及青少年运动员可能会发生钙和磷营养不良的问题。血清无机磷水平是评价运动员的磷营养状况的最合理指标。运动员镁营养状况的测评，采用血清离子镁、胞内游离镁和尿镁水平。

（五）锌、硒

研究发现，安静时，许多耐力运动员的血锌水平相对较低。运动期间，适宜的硒水平可降低氧应激，可连续进行高强度训练，并加快运动性疲劳的消除。通过测定淋巴细胞、粒细胞和血小板的锌含量来评判运动员锌的营养状况；通过全血和血红细胞硒测定，评定运动员硒的营养状况。另外，谷胱甘肽过氧化物酶活性已用于评价硒的营养状态。

第六节 控制体重运动员的营养

某些项目的运动员为了提高竞技能力和发挥最大运动能力，需在长期训练过程中将体重控制在一定范围和保持体脂处于较低的水平，或在比赛前快速减轻体重。运动员控制体重（control weight）有两个问题：一是找出理想的体重，确立了理想的体重，对于现体重是否需要减轻或减轻多少都有参考意义；二是要考虑如何减轻体重。

一、运动员的适宜体重

根据生理功效的不同，我们常把体重分为脂肪重（体脂）和去脂体重（fat free mass）或瘦体重两部分。脂肪占体重的百分比则为体脂百分比。我国一般青年的体脂百分比男子为10%~15%，女子为20%~25%。经常参加体育运动，可使瘦体重增加，体脂减少。研究表明，瘦体重与运动能力、有氧能力及最大吸氧量呈正相关。一般来说，运动员的体脂百分比较非运动员低，而不同训练水平、不同项目运动员的体脂百分比又存在着差异。大量的研究资料表明，不同项目运动员的体脂百分比如下。

①马拉松、长跑、体操、跳高运动员的体脂较低，其中男性为1.4%~9.9%，女性为8.4%~16.8%。

②短跑、足球、游泳、划船、垒球等运动员体脂百分比为男性8.2%~15.4%，女性12.4%~16.6%。

③投掷运动员的体脂较高，其中男性为29.4%~30.9%，女性为27.0%~33.8%。

运动员的适宜体重是通过对优秀运动员体重和体成分的观察得到的。运动员适宜体重的评定方法由美国的Lamb提出，理想体重=100×瘦体重（kg）/100-理想体脂（%）。我国学者研究了国际优秀女子体操运动员的身高和体重后提出，身高（cm）-体重（kg）>110时的体重为适宜体重。还有研究者提出用腰腹指数作为评价指标，腰腹指数=腰围（cm）-[身高（cm）-100]，腰腹指数的最佳范围为男子-7~-4，女子0~4。在此范围内运动员的跑跳能力高于其他范围。

运动员理想体重的判断必须考虑体脂水平。如体重增加是由于肌肉增长所致，无须减重；但体重超重、体脂百分比过高时，则应控制体重。有学者提出，运动员的体脂百分比低限水平：男子为5%~7%，女子为6%~10%，降重一般不宜超过此限度。

二、运动员减体重期的营养

运动员减体重（weight reduction）的理想方法是尽可能减去多余的脂肪而保留瘦体重及糖原贮备，基本原理是减少摄入热量，增加机体的热能消耗，造成热量负平衡，使机体消耗体内贮存的脂肪。

举重、摔跤、拳击、柔道等按体重级别进行比赛的运动员，为参加低于本人正常体重级别的比赛，往往在赛前几天内快速减体重。多采用以下措施，如饥饿、发汗、限制水分、加大运动量，甚至采用利尿剂或泻药等。这些快速减重方法，可带来一系列的医学问题，使心脏功能、运动能力等都受到影响，还会导致肌肉痉挛和无力。因此，合理减体重措施中关键的问题是减体重的速度和安全平衡的营养。

（一）每周降体重不超过1kg

研究报道，最大体重丢失是每周减轻体重1kg，甚至不会影响到体液和糖原贮备，运动员应至少在赛前2~3天（理想应为3~5天）达到比赛体重。在减重期应监测运动员的体重和体脂百分比。

（二）调整饮食

采取高蛋白（18%或2g/kg）、低脂肪（1.4g/kg）、中糖膳食，提供充足的维生素和无机盐，保证一定的饮水量。必要时可采用减体重强化食品，或补充些微量元素和维生素制剂，还可每周注射1~2次氨基酸合剂，以营养肌肉。

（三）提供安全的热能营养

每日热能的供给量至少应为6.2~10MJ（1500~2400kcal），或逐渐比原来减少4.18~6.28MJ（1000~1500kcal），即可以每周0.9~1.4kg的安全速率降低体脂，因为每减轻1kg体脂需亏空热能29.3~33.5MJ（7000~8000kcal）。具体的操作还应结合运动员的体重和运动量来安排。

（四）采取平衡膳食

平衡膳食中食物分成两类，一类是每天必吃的，如主食、牛奶、豆类及其制品、油脂和蔬菜；另一类是每周必吃的，如肉类、水产品、鸡蛋和水果等。可参考下列食物编制一日食谱，并根据运动员具体情况进行调整，如主食150~200g（米、面及部分粗粮），烹调油10g，牛奶300g，豆制品30~50g，蔬菜750g（其中叶菜占1/2，瓜茄类、根茎类、鲜豆类各占1/6），肉类100g（其中猪肉和禽肉各1/2），水产品50g，蛋类50g。上述食物热能约为7.9MJ（1900kcal），蛋白质占总热量16%以上。

（五）增加运动负荷

降重期间运动员照常训练。为减体脂还可进行耐力运动，每次运动消耗能量300kcal（相当于中等距离跑、游泳或骑自行车20分钟以上），每周3~4次。为保持肌肉力量不下降，可以8~10RM强度、每周进行3~4次力量训练。

三、运动员保持体重的营养

体操、跳水、花样滑冰、长跑等运动员为获得单位体重的最大肌肉力量比，减少运动中的耗氧量和能量消耗，保持修长体形等，需长期保持体重。通常采用的方法是长期低热能膳食，间歇采用脱水措施（穿降重服训练、蒸汽浴、控制饮食及饮水），少数运动员还采用服利尿剂、泻药、食欲抑制剂、催吐剂等方法。研究表明，长期过度限制饮食会导致生长发育迟缓、月经紊乱、贫血、营养不良、神经性厌食、肌肉无力、钙丢失和骨密度降低等，并且损害运动能力。

我国学者陈吉棣的研究表明，当运动员的体脂和体重在正常范围内，又能够进行正常训练；或体重因年龄处于生长发育阶段有一定增长，而体脂无明显增加的情况下，不必减轻或控制体重。当运动员的体脂水平增长时，可按上述减体重期的营养原则安排饮食。生长发育期的青少年运动员，即使在控制体重期，其热能摄入至少应达到热能需要量的90%，保持一日三餐。在保证平衡膳食的前提下，免去零食，不吃或少吃含脂肪或精制高糖的食物（如油炸食品、巧克力、冰淇淋、花生等）；戒烟、少饮酒；停用点心、加餐以及一些含糖量高的饮料。

第六章　运动营养补剂

随着竞技体育日益高难发展，运动员所承受的负荷持续增加，如何保持体能和最佳运动状态，是训练界普遍关注的问题。为了维持运动能力和促进运动后身体机能的快速恢复，就必须及时补充各种营养物质。合理营养和科学训练是提高运动能力的必要手段。为了适应大运动量和高强度的专业训练，仅靠平衡膳食是无法满足这种特殊营养需求的，必须使用运动营养补剂助推运动能力提高。运动营养补剂或其中间代谢体，不但直接参与新陈代谢，而且还参与调节机体生理机能。目前，运动营养补剂的种类和数量日新月异，涉及的内容越来越宽泛，因此，学习和了解运动营养补剂的相关知识是十分必要的。

第一节　肌肉相关的运动营养补剂

一些运动项目，要求运动员肌力（爆发力、耐力等）强大。按学理来讲，肌力大小取决于骨骼肌的初长度和生理横断面积的大小，而肌肉生理横断面积的大小除与肌纤维的排列方向有关外，主要受制于骨骼肌的体积，体积越大、生理横断面积越大则肌力就越大。为此，增加肌肉体积就成为运动营养补剂的重要切入点，需要机体有更多合成肌肉的蛋白质原料，以及促进蛋白质合成的最佳激素环境。

一、蛋白类补剂

蛋白质是人体最重要的营养素，参与机体组织的构成，并维持其生理机能，还与运动能力密切相关。人体蛋白质源自日常膳食，但普通膳食的蛋白质已不能满足运动员增加肌力的需求，这就需要补充高生物活性的蛋白质和氨基酸。近年来，普遍采用高生物活性的蛋白质和氨基酸，作为促进运动员蛋白质合成的原料，包括乳清蛋白、酪蛋白、大豆蛋白、卵白蛋白及其分类制剂、水解产物、某些寡肽和游离氨基酸等。这些高生物活性的蛋白质和氨基酸，不但能促进机体蛋白质的合成代谢，而且还具有其他的生物学功能。

（一）乳清蛋白

乳清蛋白是利用现代生产工艺，从牛奶中提取出来的蛋白质，牛奶中仅27%是乳蛋白，而乳蛋白中只有20%是乳清蛋白，80%是酪蛋白。乳清蛋白的胆固醇、脂肪、乳糖含量低、易消化和吸收，与其他蛋白质比较，具有较高的生物利用价值。

1. 乳清蛋白成分

乳清蛋白主要由α-乳球蛋白、β-乳球蛋白、牛血清蛋白、免疫球蛋白等组成，此外，还含有一些具有生物活性的微量成分（乳铁蛋白、乳过氧化物酶、溶菌酶、生长因子等）。正是这些成分使乳清蛋白具有卓越的营养价值。乳清蛋白的生物利用价值比其他蛋白高。

①β-乳球蛋白：是乳清蛋白的主要成分，它具备最佳的氨基酸的比例，支链氨基酸含量极高。其中生物效应强的是亮氨酸，可作为谷氨酸胺的基质物，也可直接作细胞燃料。

②α-乳球蛋白：是必需氨基酸和支链氨基酸的极好来源，它富含胱氨酸残基，能通过消化道和血液进入细胞，还原成两个半胱氨酸，用以合成谷胱甘肽，维持细胞和组织最佳的谷胱甘肽（GSH）水平。

③乳铁蛋白：乳清蛋白中乳铁蛋白含量虽低，但生物活性高。具有抗菌、抗病毒及抗氧化作用；可与铁牢固结合，是膳食中铁质转移的有效形式；可提高机体免疫能力。

2. 乳清蛋白的生物学功能

①促进蛋白质的合成。由于乳清蛋白中含有大量的支链氨基酸，研究证实支链氨基酸对促进蛋白质合成和减少蛋白质的分解起着很重要的作用。

②提高机体免疫功能。谷氨酰胺是淋巴细胞和巨细胞在免疫反应过程中的

重要底物，高速利用谷氨酰胺生成嘌呤和嘧啶核苷酸有利于合成更多的DNA，使免疫细胞增殖加速。长时间大强度运动后期血糖降低，此时谷氨酰胺通过糖异生维持血糖浓度。乳清蛋白中含有丰富的支链氨基酸和谷氨酸，谷氨酸可转化为谷氨酰氨，亮氨酸可作为谷氨酰氨合成的前体。

③延缓中枢疲劳的发生。摄入一定量的乳清蛋白可以提高机体血液中支链氨基酸的浓度，降低色氨酸/支链氨基酸的比值，减少色氨酸进入中枢神经细胞的比例，降低中枢神经细胞中5-羟色氨（5-HT）的浓度，延缓中枢疲劳的发生。

④提高机体的抗氧化能力。乳清蛋白中的α-乳白蛋白富含胱氨酸残基，能在细胞内合成谷胱甘肽（GSH）。GSH是细胞内最重要的抗氧化剂，是机体抗氧化系统、免疫系统所必需的物质，可增强机体抗氧化能力。

⑤提供能量。乳清蛋白是容易消化的优质蛋白，可为机体提供能量，减少肌肉蛋白的供能消耗。

3. 乳清蛋白摄入量

由于乳清蛋白对维持和提高运动员的生理机能及运动能力具有良好的作用，因此，运动员需要经常补充它。大负荷运动训练期间，乳清蛋白的摄入量可以提高至总蛋白摄入量的50%或以上；而一般性训练期，乳清蛋白补充量维持在每天20g左右为宜。近期的研究结果提示，乳清蛋白是对体重要求严格的运动项目（如摔跤、柔道、体操、艺术体操等）的运动员的最佳蛋白补充剂。

健美或健身爱好者，为了尽快增大肌肉体积或力量，补充乳清蛋白是一个良好的选择。一般摄入量在50g以上，具体摄入量还要根据健身或健美者的体重及负荷量进行调整。需要提醒的是，过量摄入乳清蛋白对肌肉体积和力量并无好处，易造成血氨升高，对机体产生不利影响。

（二）大豆蛋白

大豆蛋白源自植物大豆，经一定工艺提取而得。经浓缩加工的大豆蛋白粉，蛋白质含量较高，有些可高达80%以上，是良好的蛋白补充剂。研究表明，补充大豆蛋白可降低血浆甘油三酯和低密度脂蛋白水平，对钙流失和骨质疏松防治具有重要作用。目前我国运动员中普遍存在血脂过高的现象，补充大豆蛋白具有明显的改善作用。另有调查表明，女运动员因高脂、高蛋白膳食造成机体钙的摄入不足、钙丢失增加，大豆蛋白富含异黄酮类物质，对钙流失和骨质疏松预防具有重要作用。

有关运动员大豆蛋白的每日摄入量目前尚无统一标准，这有待今后进一步研究确立。但目前研究提示，大量摄入大豆蛋白没有明显的副作用，需要注意的是，高原训练期间不易大量补充大豆蛋白粉，这是因为大豆蛋白的摄入增加可能会引起胃肠胀气和腹部不适。另外，由于提纯工艺等原因，大豆蛋白产品常含有一些植物纤维，因其不易消化并有豆腥味，极大影响了大豆蛋白的使用效果。

二、氨基酸类补剂

氨基酸是蛋白质的构成单位。摄入的氨基酸除合成蛋白质外，还具有许多重要的生物学功能。在运动界常用的氨基酸主要有以下几种。

（一）支链氨基酸

支链氨基酸（BCAA）为必需氨基酸，其中以亮氨酸的实用性最高，可作为合成谷氨酰胺的前体物质，也可以直接用作细胞燃料。补充支链氨基酸可提高运动能力，主要体现在两个方面，一是提高耐力，延缓中枢疲劳的发生；二是促进肌肉力量增长。有研究显示，支链氨基酸对促进蛋白质合成和减少蛋白质分解有重要作用。亮氨酸及其氧化代谢产物具有抑制蛋白水解酶活性，有利于肌肉蛋白质的合成，使瘦体重增加。支链氨基酸主要有口服液和片剂两种剂型。目前研究认为，BCAA以低剂量补充效果较好，而且在运动前30分钟服用效果较佳，长时间运动多采用0.5g/h的剂量补充。补充低剂量支链氨基酸不但口感好，还能够预防血浆支链氨基酸水平下降，并防止血氨水平大幅度升高，也不会引起胃肠道刺激。

（二）牛磺酸

牛磺酸是一种含硫的条件必需氨基酸，化学名为2-氨基乙磺酸，性质稳定，分布广，主要分布在动物组织细胞内，特别是神经、肌肉、腺体等组织含量更高。在体内牛磺酸多以游离形式存在，是体内含量最高的游离氨基酸。人体牛磺酸的总量为23~28g，其中15~16mg存在于血浆中，75%以上存在于骨骼肌中。牛磺酸在中枢神经系统中的含量仅次于谷氨酰胺，而其他组织中的含量远超任何氨基酸。

1. 生理功能

①保护心血管系统功能。牛磺酸具有改善心脏功能、保护心肌细胞、抗心率失常、舒张血管、降低血清胆固醇、提高高密度脂蛋白、防止动脉粥样硬化形成等作用。

②调节神经系统功能。牛磺酸是一种神经介质或神经调节因子，具有抗痉挛作用，缺乏牛磺酸可导致小脑发育异常或小脑功能紊乱。

③促进消化吸收及解毒作用。肝脏是机体合成牛磺酸的主要器官，牛磺酸与游离胆汁酸盐结合不仅促进脂溶性物质的消化吸收，还可降低某些游离胆汁酸的细胞毒性，抑制肝脏过氧化的发生。

2. 对运动能力的影响

①清除自由基。作为条件必需的氨基酸，牛磺酸具有抗氧化作用。研究表明，补充牛磺酸可以显著提高SOD和GSH-Px的活性，减少丙二醛（MDA）的生成，加速体内自由基的清除，具有明显的抗脂质过氧化的作用。

②保护细胞膜。在离体实验中，Hartable等首先发现牛磺酸具有稳定骨骼肌纤维中细胞膜相结构的作用。随后的大量实验结果表明，服用牛磺酸具有缓解运动训练造成的细胞膜脂质过氧化的程度，减少细胞变形，维持细胞膜的理化性质。

③调节糖代谢。牛磺酸参与调节机体糖代谢。补充牛磺酸可降低机体对血糖的利用，并促进肌细胞对糖和氨基酸的摄取和利用，加速糖酵解和糖异生，促进糖原合成，延缓运动性疲劳的发生，提高运动能力。

④对支链氨基酸的影响。补充牛磺酸对提高和稳定支链氨基酸浓度会产生一定的影响。相关实验结果显示，牛磺酸能明显提高运动大鼠血浆支链氨基酸的浓度，抑制色氨酸进入大脑，保持中枢兴奋状态，延缓运动疲劳的发生。

牛磺酸作为一种新型的运动营养补剂，市场潜力巨大，备受教练员和运动员的青睐。同时，营养强力物质也为运动员摆脱违禁药物困扰指明了一条可行的道路。

（三）谷氨酰胺

谷氨酰胺是肌肉和血浆中含量丰富的游离氨基酸，占骨骼肌游离氨基酸代谢池的50%~60%，占血浆氨基酸的20%，是蛋白质、核酸、谷胱甘肽及其他重要生物大分子合成的必需底物，并且是合成免疫细胞嘌呤和核苷酸等重要的氨基酸来源。免疫细胞所需的大量谷氨酰胺只能由骨骼肌提供，已知支链氨基酸是肌细胞合成谷氨酰胺的氨源，并影响肌细胞内谷氨酰胺的释放。骨骼肌内谷氨酰胺合成速度高于其他氨基酸。谷氨酰胺在机体中的正常浓度可使淋巴细胞的增殖反应达到最大值，若血液谷氨酰胺浓度低于正常水平，免疫功能将会下降。谷氨酰胺对运动能力的影响有以下几方面。

①刺激胰岛素等激素的分泌。谷氨酰胺是一种强有力的胰岛素分泌刺激剂。补充谷氨酰胺可提高机体胰岛素生长因子等的分泌，对运动后体能恢复具有积极意义。

②促进免疫机能提高。谷氨酸是免疫细胞的重要原料，运动训练会增加谷氨酰胺的消耗，导致免疫细胞增殖能力下降。补充谷氨酰胺可以缓解大强度运动训练造成的免疫抑制。

③提高抗氧化能力。谷氨酰胺作为谷胱甘肽合成的前体物质，可有效进入细胞，在线粒体谷氨酰胺酶的作用下，脱氨基生成谷氨酸和氨，合成的谷氨酸又进入细胞浆内，参与谷胱甘肽的合成，从而提高了机体的抗氧化能力。

谷氨酰胺提高运动能力及机体生理机能的作用毋庸置疑，但需要注意的是，大量补充谷氨酰胺会产生一定的副作用，主要表现为血氨升高，对运动能力产生一定影响。为克服其副作用，建议每日摄入5~10g为宜，尽量选择在运动后或赛后服用。

（四）氨基葡萄糖

氨基葡萄糖是一种生理状态的氨基单糖。其作用主要体现在选择性地作用于关节软骨，作为软骨的合成原料，参与软骨的修补和再生；激发人体自身氨基葡萄糖单体合成，减缓流失进程；人体关节腔的"清道夫"，能有效清除关节腔内的各种有害酶类和细胞因子。因此，它能从根本上改善骨关节损伤的病症，保护韧带、肌腱等结缔组织，维护关节健康，也称为软骨保护剂。

目前，唯一公认的对骨关节炎有效的物质，就是人体关节软骨中产生的生理物质——氨基葡萄糖单体。建议服用剂量为1500mg/d，服用2~3周即可明显缓解关节疼痛。氨基葡萄糖安全性好，无明显副作用，可长期服用，停药后疗效可维持数月。

（五）HMβ

HMβ是β-羟基-β-甲基丁酸盐的简称，是亮氨酸的中间代谢产物，人体可以合成少量的HMβ，每天合成0.25~1.0g。除自身合成外，人体还可以从某些食物中获得。然而，对运动员来讲，自身合成和食物提供的HMβ远不能满足其需要，必须额外加以补充。补充HMβ具有抗蛋白质分解的作用，可以有效地增加肌肉的体积，提高肌肉力量；补充HMβ可以促进脂肪分解代谢，有利于脂肪的燃烧，增加瘦体重。因此，目前HMβ已经成为运动员广泛使用的营养补剂，建议每日补充3次、每次1g为宜，同时补充磷酸盐和肌酸效果更佳。

三、肌肉合成的最佳激素环境

肌肉蛋白质的合成除了需要提供外源性的优质蛋白质外，还需要提供能够促进蛋白质合成的最佳激素环境。人体内与合成代谢有关的激素主要为睾酮、生长激素和胰岛素，运动员应用一些特殊运动营养补剂，目的是补充因运动训练造成的这些激素的分泌不足。

（一）促进睾酮分泌的运动营养补剂

雄性激素是一类含19个碳原子的类固醇激素，体内主要有睾酮、双氢睾酮、雄烯睾酮、去氢表睾酮等。由于睾酮的量最大，其生物效能也最明显，因此，睾酮常被作为雄性激素的代表。血睾酮约98%以结合形式存在，约2%

以游离形式存在。在结合型睾酮中，40%~60%与雄性激素结合球蛋白结合，38%~54%与白蛋白和其他蛋白结合。睾酮的分泌受下丘脑—垂体—性腺轴的调控。

睾酮的生理作用十分广泛，主要是维持第二性征。睾酮与运动能力密切相关，主要表现为促进骨骼肌蛋白合成，增强肌力；促进EPO的产生和骨髓造血；促进磷酸肌酸的合成，减少尿中肌酸的排出等。

体育领域用以提高睾酮的运动营养补剂主要有激力皂甙及蒺藜提取物、锌、硼，传统补肾中药如肉苁蓉、淫阳藿、巴戟天、熟地等，以及通过兴奋剂检测的中药制品廷伟、生力君、长白景仙灵、雄鹿精华渗透泵等。

（二）促进生长激素分泌的运动营养补剂

生长激素是由脑垂体分泌的调节人体生长发育的一种重要激素。缺乏者可患侏儒症，分泌过量则易引起巨人症。其生物学作用主要为促进蛋白质合成；促进骨骼、内脏和全身生长；促进脂肪分解，抑制葡萄糖的摄取和利用。生长激素与运动能力的关系主要体现在生长激素能够促进蛋白质合成，促进机体机能快速恢复，促进运动能力提高上。

外源性生长激素的使用早已被国际奥委会所禁止，但通过某些合理的手段提高自身的生长激素分泌并不违禁。因此，运动界出现了通过改善睡眠和补充氨基酸合剂——鸟氨酸和α-酮戊二酸（OKG）来促进自身生长激素的分泌，取得了良好的效果。

动物及人体实验证明，服用OKG不但能提高生长激素、胰岛素和胰岛素样生长因子I的水平，而且可抑制肌纤维的降解，节约蛋白质，修复肌肉损伤；OKG还可以阻碍因外伤引起的肌肉内"谷氨酰胺池"水平的降低，促进空肠内谷氨酰胺的浓度上升，从而提高机体免疫功能。鸟氨酸与α-酮戊二酸同服具有促进胰岛素和生长激素分泌及提高免疫系统功能的功效，但单独服用不具备这种协同作用。OKG是促进机体内胰岛素及生长激素释放的刺激因子，具有抗分解作用，并能协助肌肉和肝脏组织摄取氨基酸和葡萄糖，促进肌肉增长和加速机体恢复的作用，是运动员和健身健美体育爱好者理想的营养补剂。目前市面上出现的OKG为鸟氨酸与α-酮戊二酸按2:1混合而成，尚未发现明显的副作用。

除OKG外，还有一些方法也可促进生长激素的分泌。运动界常用的有卵磷脂、泛酸、维生素C、钾。由于生长激素的分泌具有脉冲式的特点，并与睡眠的时间及质量相关。因此，改善和提高睡眠质量、适当延长睡眠的时间，也可促进生长激素的分泌。

（三）促进胰岛素分泌的运动营养补剂

胰岛素是由胰岛 β 细胞分泌的一种促合成激素，在调节机体糖、脂肪及蛋白质代谢方面都有重要作用，是机体唯一的降血糖激素。胰岛素能促进血液中的葡萄糖进入肝、肌肉和脂肪等细胞，可促进糖原合成并降低糖异生作用；胰岛素还具有促进脂肪生成，抑制其分解的作用，使酮体的生成减少；胰岛素还可促进氨基酸的转运及蛋白质的合成，抑制其分解。对竞技运动员来说，糖是最为重要的能源物质。运动训练过程要消耗大量的糖，运动后如何快速恢复或补充糖，对于运动员体能的恢复尤为重要。因此，运动后如何科学合理地促进胰岛素分泌，加速运动员体能恢复，提高运动能力是至关重要的。

目前，体育领域应用的促进胰岛素分泌的运动营养补剂有有机铬、谷氨酰胺、OKG等。铬是动物和人体必需的微量元素，可与蛋白质、核酸等分子结合，参与机体的糖、脂肪代谢，促进人体的生长发育。铬是胰岛素发挥生物学作用所必需的微量元素，铬是"葡萄糖耐量因子"的组成成分，与胰岛素受体中巯基配位形成二硫键，促使胰岛素发挥最大生物效应。缺铬可引起胰岛素抵抗，而铬补剂可改善胰岛素抵抗，增加胰岛素靶组织对胰岛素的敏感性，影响机体对葡萄糖的摄取和糖原形成。目前研究认为有机铬可能是通过以下几个方面来促进糖合成代谢的。

①铬通过降低机体FFA水平促进葡萄糖的摄取；
②铬促使胰岛素调节肌肉血流速度，促进机体对葡萄糖的摄取；
③降低血浆FFA水平，促进机体糖原合成；
④激活糖原合成酶活性，促进糖原合成。

谷氨酰胺和OKG都是促进胰岛素分泌的有效物质。同时，调整餐次和控制糖类摄入量，也可改善机体胰岛素的分泌状况。

第二节　能量相关的运动营养补剂

维持机体能量代谢平衡是运动训练和比赛过程中的重要因素，能量代谢紊乱是导致运动性疲劳的主要原因。因此，在运动训练过程中，如何使用营养补剂促进运动员能量代谢平衡是提高训练效果的重要手段，也是运动营养的研究热点。

一、糖

见第二章第二节中的已有叙述。

二、肌酸

人体内肌酸（C）主要在肝脏、肾脏合成，后通过血液循环运输至骨骼肌，在肌酸激酶（CK）作用下，反向生成磷酸肌酸（CP）和ADP，将高能磷酸键能储存在CP中，人体有CP 120~140g，95%储存在骨骼肌中。

1. 生物学作用

（1）快速合成ATP

磷酸肌酸与ADP结合，在肌酸激酶作用下正向生成ATP，属于底物水平磷酸化。CP大量存在于骨骼肌中，是无氧运动的主要供能底物，然而肌肉中超量的肌酸并不增加其安静时的ATP浓度，但充足的肌酸可以保证运动中消耗的ATP和磷酸肌酸的再合成，以此维持反复最大用力冲刺训练中肌肉的ATP浓度，这就最大程度减少了乳酸的生成，从而使人体能在更高的强度下长时间运动。

（2）高能磷酸基团的贮存库

当ATP浓度较高时，其所含的高能磷酸键则转移给肌酸，合成磷酸肌酸，将高能磷酸基团贮存起来，以备高强度的运动需要。

（3）组成肌酸—磷酸肌酸能量穿梭系统

将线粒体内有氧代谢释放的部分能量转移到细胞质内，即将能量从产能部位转运到用能部位。使ATP在用能部位水解后，就地重新合成，保证了ATP水解与再合成的紧密偶联。

2. 肌酸与运动能力

关于补充肌酸对提高磷酸原供能为主的项目运动能力的影响研究，结论比较一致，认为补充肌酸对提高肌酸池含量及机体最大做功能力效果显著。因此，对于以磷酸原系统供能为主的运动项目，首选补充肌酸。然而，尽管补充肌酸对糖酵解供能为主的运动项目的研究结果尚不统一，但依然有一些运动员选择肌酸作为提高运动能力的补剂。最新研究表明，补充肌酸对有氧代谢能力同样具有积极意义。

3. 补充方法

研究显示，口服肌酸可使肌肉中的磷酸肌酸的贮量提高30%~40%。补充肌酸可以增加肌肉的爆发力和持久力，具体补充方法如下。

①冲击量法：当运动员肌酸储备量较低时常采用此法。具体方法为每天补充15~30g，连续补充5~7天；可使总肌酸储量增加15%~30%，磷酸肌酸的储量增加10%~40%。其作用在于维持高强度运动时的ATP水平，并促进反复高强度运动的间歇性磷酸肌酸的再合成。因此，短期肌酸补充可使最大做功和（或）最大力量增加5%~15%，最大用力时肌肉的收缩能力提高5%~15%，单次冲刺能力增加5%~15%。此法可迅速提高肌肉中的磷酸肌酸的储量。然而，长期采用此法对提高磷酸肌酸浓度效果并不显著，应换用维持量法。

②维持量法：当肌酸或磷酸肌酸浓度较高，或已进行5~7天冲击量法后，肌肉中磷酸肌酸浓度已有较明显的提升，这时采用小剂量补充（2~5g/d），连续4~5周。可长时间维持磷酸肌酸浓度在较高的水平，对维持和提高快速运动能力效果显著。

4. 注意事项及副作用

补充肌酸期间，为保证细胞水合作用的正常进行，水分供应宜充足；若水分摄入不足，补充肌酸后可出现肌肉发紧、僵硬、痉挛及体重减轻的副作用，对那些体重要求严格的运动员尤为重要，一定要慎用。同时，运动员要做好充分的准备活动，注意肌肉的牵拉，避免高强度运动时肌肉被拉伤。

除果糖外，含糖饮料与肌酸同服有利于肌酸的吸收。肌酸摄取的增加与葡萄糖引发的胰岛素升高有关。另外，不能用热开水冲饮肌酸，以防肌酸水合物的结构改变。同时，也不能与橘子汁或含咖啡因的饮料同时服用，前者所含酸性物质会使肌酸水合物变性，而咖啡因有脱水作用，会影响肌细胞的水合反应。

三、二磷酸果糖

糖是运动时的主要能量来源，1,6-二磷酸果糖（FDP）是糖分解代谢过程的重要中间产物，后经有氧或无氧代谢生成ATP供能。自20世纪70年代起，FDP就被广泛应用在临床治疗上。近年来，FDP对运动能力影响的研究结果不断呈现，发现FDP可提高有氧或无氧运动能力，保护细胞膜的完整性，促进血液中氧气释放入组织细胞，改善心肌营养，减轻心肌缺血缺氧症状，改善心肌功能。

口服FDP比服葡萄糖或淀粉引起胰岛素的效应弱，故在运动中、前、后任何时间都可服用，是一种良好的营养补剂。

四、运动饮料

水是六大营养素之一，具有重要的生理功能，约占成人体重的60%。运动时骨骼肌因大量做功而产热，人会感到口渴、心率加快、体温升高并大量出汗，如不及时补充水分，会造成脱水，影响身心健康。此时，营养物质也大量消耗，将导致运动性疲劳的发生，影响运动能力和运动成绩。因此，补充运动饮料对调节体温、机体正常代谢、改善心血管机能、预防脱水及能源物质的补充十分必要。

（一）运动饮料的定义

运动饮料属于功能性饮料范畴。1994年，在我国颁布的运动性饮料标准中，将其定义为，营养素的组成和含量能适应运动员或参加体育锻炼、体力劳动人群的生理特点、特殊营养需要的饮料。

（二）运动饮料的特点

1. 含糖

机体糖储备能力有限，运动时大量消耗而没有得到及时的补充，就会造成运动能力下降。糖是中枢神经系统的重要燃料，大脑90%以上的能量来自血糖，血糖的下降将会使大脑对运动的调节能力减弱，易造成中枢疲劳。并且红细胞的唯一能源物质就是血糖，当血糖降低时，影响红细胞的能量代谢，使红细胞转运氧的能力下降，促使运动能力降低。因此，运动饮料中必须含有一定量的糖。

2. 含电解质

因运动出汗可使钾、钠等电解质大量丢失，引起运动能力下降，甚至出现肌肉痉挛。运动饮料中加入适量的电解质，不仅有助于补充丢失的钠、钾，还可协助储留水分。

3. 低渗透压

人体血液的渗透压常在280～320mol/L范围，要使饮料中的水及其他营养成分尽快通过胃，并充分被吸收，运动饮料的渗透压要低于或等于血浆渗透压，维持低渗饮料。目前市场上销售的普通饮料多考虑营养和口感，并不涉及渗透压，基本都是高渗饮料，对运动补水十分不利。

4. 不含碳酸气、咖啡因和酒精

碳酸气引起胃部的胀气和不适，并会刺激咽喉而饮用困难；咖啡因有利尿作用，会加重脱水；咖啡因和酒精对中枢神经有刺激作用，不利于运动后体能的恢复。

（三）运动饮料的分类

不同的运动饮料具有不同的功能。按营养成分可分为两类。

1. 普通运动饮料

主要补充人体在运动中消耗的能源物质。再根据不同人群的需要分为三种：大众运动饮料、健身运动饮料和专业运动饮料。

（1）大众运动饮料

适于那些追求时尚人群的一类运动饮料，也是市场上拥有最大消费群体的运动饮料，以"脉动""激活""体饮""第五季"等为代表。这类饮料适合参加活动较少，或参加一般性的娱乐活动人群。

（2）健身运动饮料

主要为经常参加体育锻炼的人群而设计，这类人群运动量较大、消耗的能源物质较多。这类运动饮料中的能源物质种类及数量较多、抗疲劳能力较强。如"健身饮""舒跑"等。

（3）专业运动饮料

此类饮料专为运动员（专业或业余）而设计。因竞技体育的目标在于提高运动成绩，所以运动员必须承受超负荷的刺激，才能不断提高自己的运动成绩，他们对运动饮料中各种营养素种类和数量的要求会更高。补充时间也有要求。如"威创高能系列固体饮""伟特糖""高镁耐冲剂"等。

2. 功能运动饮料

这类饮料除加入运动时所需的能源物质，还添加了特殊的营养成分，以满足特殊人群的需要。此类饮料的主要成分除糖、电解质和维生素以外，还添加了一些特殊强化的营养成分，如蛋白粉、肌酸、抗氧化剂等，旨在提高运动员承受更大负荷的能力，促进运动后疲劳的消除和机能、体能的恢复。

（四）运动饮料的组成

理想的运动饮料能促进机体机能迅速恢复和维持体液平衡，并可增强运动能力，特别关注糖的浓度、糖的种类及电解质含量。

1. 糖的浓度

饮料中糖的浓度、渗透压等影响胃排空速度。有研究结果显示，补水与补

4%~6%糖溶液对胃排空速度无显著性影响。当糖浓度超过6%时，胃排空量随糖浓度的增加而减少。同时，高浓度的糖溶液能提高糖吸收率，有利于能量补充，但高浓度的糖会降低胃排空速度和小肠对水的吸收率；低浓度的糖溶液有利于吸收，但不能提供充足的能量。理想的运动饮料糖浓度为5%~7%，且与糖的种类有关。

2. 糖的种类

考虑到渗透压和吸收速度，运动饮料应尽量选用葡萄糖、果糖、低聚糖或中链淀粉为主要原料。不同种类的糖在小肠内转运机制不同。因低聚糖、中链淀粉甜度低、口感好、渗透压低、胰岛素反应弱及无胃肠道不适等优点，是运动饮料的首选糖类，同时辅以少量葡萄糖和果糖，提高补糖效果。

（五）使用方法

1. 运动前

运动前30分钟左右补充300~500ml低温运动饮料（约15℃），恰好在运动时已全部吸收，此举可增加血流量、促进运动中排汗、降低体温上升幅度、延缓脱水、且低温水较常温水调节体温更有效。高温天气时，应多补充运动饮料。

2. 运动中

遵循少量多次的补充原则。维持800ml/h左右，每10~15分钟、补充150~200ml。因胃的容量有限，若一次补充的量太多，使胃不能及时排空，运动时可能胃部不适，影响运动能力。

3. 运动后

仍宜遵循少量多次的原则，不超过800~1000ml/h为宜。补充含糖—电解质饮料效果最佳。饮料的糖含量可以适当增加，不可暴饮，造成胃肠道功能下降。运动后即刻，机体急需合成糖原的材料，体内糖原合成速率迅速增高，因此，运动后即使补充含糖量稍高的运动饮料，机体也有一定的适应调控潜能。

第三节 消除疲劳和恢复体能的运动营养补剂

一、抗氧化剂

运动时机体新陈代谢旺盛，骨骼肌细胞的耗氧量增加100～200倍，组织中自由基的生成也随之增加。随着运动强度的增加及运动时间的延长，自由基的产生急剧增多，超过了机体自身的清除能力，组织抗氧化水平下降，进入氧化应激状态。运动性氧化应激是组织损伤、运动性疲劳的主要原因之一。因此，补充抗氧化剂是促进运动后疲劳的消除和身体机能恢复的重要方法。

补充外源性抗氧化剂对抗运动性脂质过氧化的作用已被许多研究证实。体育领域常用的抗氧化剂有维生素E、维生素C、谷氢酰胺和谷氨酰胺肽、类胡萝卜素、辅酶Q、番茄红素、螺旋藻系列产品、牛磺酸、N-己酰半胱氨酸、硒以及某些中药（如人参、黄芪）等。这些抗氧化剂有些是水溶性的，有些是脂溶性的。效果较好的抗氧化剂是维生素C、维生素E和番茄红素。对于不同溶解性质的抗氧化剂，补充时应注意环境条件。抗氧化剂补充的重要形式首选食物，当食物补充不能满足机体需要时，才选择补剂补充。

二、免疫增强剂

长期大负荷的运动训练会导致机体免疫机能低下，并形成运动性"免疫开窗期"，在此期间运动员较常人更易感染疾病。因此，在运动训练期间，运动员如何补充合理的营养来提高免疫能力，是竞技体育中运动营养研究的重要命题。目前竞技体育中使用的免疫增强剂种类很多，根据其来源和化学组分不同，可分为蛋白质类、氨基酸和短肽类、天然物质及植物提取物、中药制品、化学合成物等。

（一）蛋白质类

机体内体液免疫功能主要由免疫球蛋白担负。蛋白质制剂是临床医学中最常用的免疫增强剂。医学上常用的免疫球蛋白制剂对提高运动员的免疫机能具有较好的效果，但现在属于兴奋剂违禁药物。这就迫使我们探寻效果更好的蛋白类运动营养补剂。目前的研究结果显示，乳清蛋白、牛乳分离蛋白、α-白蛋白等就是良好的蛋白补剂。

（二）氨基酸和短肽类

除蛋白质外，能提高机体免疫机能的补剂还有氨基酸，其中谷氨酰胺、谷氨酰胺肽、谷胱甘肽最为常见。

L-谷氨酰胺是人体肌肉、血液和氨基酸池中含量最丰富的氨基酸，约占游离氨基酸总量的60%。空腹血浆谷氨酰胺浓度为500~750μmol/L，谷氨酰胺是蛋白质、核酸、谷胱甘肽及其他重要生物大分子合成的必需营养素，但不是必需氨基酸，可由谷氨酸、缬氨酸、异亮氨酸合成。在高强度运动等应激状态下，机体对谷氨酰胺的需求量增加，机体自身合成量不能满足需要。因此，补充谷氨酰胺是运动员维持身体机能水平、促进运动性疲劳恢复、提高免疫机能的重要方法。

（三）天然及植物提取物

植物提取、纯化及制备工艺快速发展的同时，天然活性结构的保持能力也不断提升，抗氧化剂或免疫增强剂方面的天然物质备受人们青睐。就免疫增强剂而言，体育领域应用较多的有维生素C、维生素E、番茄红素、大蒜素、螺旋藻、胡萝卜素、壳聚糖、真菌多糖等。

1. 番茄红素

是一种提高免疫机能效果非常好的天然物质，人体不能产生，但许多天然水果和蔬菜中都含有番茄红素，很容易从食物中获得。其独特的化学结构可清除自由基，尤其是氧自由基，从而预防人体细胞的损伤。近年有研究结果提示，番茄红素提高人体免疫功能的效果比维生素E强100倍。

2. 螺旋藻

几乎含有人体所需的全部营养素，所含氨基酸种类齐全、比例恰当，还含有条件必需氨基酸牛磺酸，蛋白质含量高达60%～70%；螺旋藻属于低脂食品，总脂含量约为蛋白质的10%，以不饱和脂肪酸为主，必需脂肪酸含量丰富；维生素含量高，特别是胡萝卜素、维生素E和维生素C；矿物质和微量元素含量丰富。

螺旋藻具有促进糖原恢复、促进乳酸消除、抗氧化、抗贫血及提高机体免疫机能等作用，借此可提高运动能力。螺旋藻富含硒藻兰蛋白和海藻多糖硫酸酯等，通过多种途径阻抑机体免疫抑制、促进免疫机能的提高。

3. 壳聚糖

主要从虾和蟹的壳中提取，甲壳素的脱乙酰化产物，是自然界中产量仅次于纤维素的天然多糖，也是迄今发现的唯一阳离子动物纤维性多糖。这类多糖既可生物合成，亦可生物降解，与动物组织细胞相容性良好，且无毒。壳聚糖具有增加人体免疫力、抑制肿瘤、调节血脂和血压等作用。

（四）化学合成物质

现在有许多化学合成的、能提高机体免疫力的物质，主要有28烷醇、维生素C、维生素E及维生素EC合剂等。28烷醇是一种含28个碳原子的天然高级饱和直链脂肪醇，在自然界，绝大多数以脂肪酸酯的形式存在，小麦胚芽油中含量较高。28烷醇是一种生物活性极强，极微量就能显示出活性作用的物质。近年来，国外对28烷醇的研究显示，它具有降低血脂、促进脂肪分解、改善血液黏度、促进性激素分泌、减轻肌肉酸痛、增强耐力、提高免疫力等作用。多用于保健食品、饮料中。国内学者的人体实验结果提示，运动员服用5周28烷醇，体脂含量显著降低，高密度脂蛋白胆固醇与低密度脂蛋白胆固醇比值及免疫机能显著提高。

三、中药及其制品

中医药是中华民族灿烂文化的瑰宝。据历代医书记载，现代临床及研究结果证实，许多中药具有提高机体免疫机能的作用，这类中药主要有人参、黄芪、茯苓、白术、刺五加、山药、山楂、龙眼等。但有些中药含国际奥委会兴奋剂违禁成分，不宜在运动员中使用，若要使用一定要通过兴奋剂检测证实其不含违禁成分且安全。就剂型而言，运动员常用的有口服液和胶囊两种，可根据运动训练或比赛的实际情况选择使用。

（一）补肾益气类

肾为先天之本，主骨生髓、藏精、主水，是体力生发之源，肾精、肾气充足，可推动脏腑功能活动，达到增强体力的目的，同时还可促进睾酮分泌，从而提高运动能力。这类组方大多含淫阳藿、肉苁蓉、巴戟天、仙灵脾、虫草、鹿茸、熟地、人参、黄芪、丹参等中药。目前体育领域应用效果较好的中药复方补剂有延伟、长白景仙灵、伟特—雄鹿精华渗透泵、生力君等。

（二）补脾理气类

脾为后天之本，居中焦、主运化、统血，为气血生化之源。脾主肌肉，脾之运化才能营养肌肉。脾失健运，则五谷精微和水液运化不健，肢体疲惫、四肢倦怠无力。因此，健脾理气类组方具有调节脾胃、促进营养物质消化吸收，提高肌肉做功的能力，对提高运动能力和抗疲劳也有积极意义。此类组方多含黄芪、茯苓、白术、刺五加、山药、山楂、龙眼、人参等中药。

（三）补血活血类

众所周知，血红蛋白可运输氧气，而氧气是维持生命活动的必需物质。当血红蛋白含量下降时，不但氧气运输能力下降，身体机能也会随之下降。补血、活血的中药具有促进血液循环、运输营养物质和消除代谢产物的作用，对维持身体机能水平也具有重要意义。此类中药主要有当归、枸杞、田七、红花、阿胶、龙眼肉、熟地、何首乌、灵芝、牡丹皮、鸡血藤等。

此外，新近研究的藿香玫瑰复合饮料实验结果显示，不同剂量的藿香玫瑰复合饮料可延长小鼠的爬杆时间，提高其肝糖原、肌糖原含量，同时显著增强乳酸脱氢酶活力，降低运动后体内的乳酸含量。以此推论，藿香玫瑰复合饮料具有较好的抗运动疲劳能力，值得关注。

四、促进内分泌平衡的运动营养补剂

按照学理,机体能量代谢受内分泌激素调控。运动时,能量代谢增强,调控分解代谢的内分泌激素增强,而促合成的激素分泌受到抑制。运动结束后,促进分解的激素仍然处于较高水平,机体内分泌调控失衡,运动后合成代谢过程受影响,不利于身体机能及运动性疲劳的恢复。因此,运动后如何促进合成代谢的激素分泌,尽快恢复体能并促进运动性疲劳的恢复,是运动营养补剂研究的重要内容,已在前面章节中有所提及,不再赘述。

第四节 防治运动性贫血的营养补剂

运动性贫血是竞技体育中容易出现的一种"一过性"身体机能低下的状态,是影响运动员竞技能力尤其是耐力性项目竞技能力的重要因素。了解其发生机制,对如何应用营养补剂预防运动性贫血的发生具有十分重要的意义。

一、发生机制

正常情况下,红细胞生成和破损处于动态平衡状态,血液中红细胞数量和血红蛋白浓度保持正常水平。运动训练作为应激因素,会加速红细胞凋亡,这种动态平衡被打破,引发运动性贫血。运动性贫血的病因相当复杂,现认为有以下几种原因。

(一)血容量增加

运动训练会引起血容量增加,导致血红蛋白浓度降低,由此引发运动性贫血,这种贫血并非真正意义上的贫血,或称之为稀释性假性贫血。现已证实,运动会引起高血容量反应,本质上是机体对运动训练的适应性反应。因为运动会动员更多的毛细血管开放,迫使肝脾等脏器的储存血液加入血液循环,致使血容量增加。同时,心脏每搏输出量和最大输出量均增加,有利于运送更多的

氧。这种假性运动性贫血对运动能力没有明显影响，只是机体对运动训练的一种暂时性保护反应。

（二）溶血增加

正常情况下，人体成熟红细胞的平均寿命约120天，每天约有1/120成熟红细胞被吞噬或凋亡，与此同时，每天都有新生的未完全成熟的红细胞从骨髓进入血液，使体内成熟红细胞总数保持恒定。当某种原因引发成熟红细胞生成时间缩短、破坏速度加快时，就产生溶血现象。此时，骨髓加速红细胞的生成，以代偿破碎消亡的红细胞。当红细胞破坏的速度超过骨髓的生成速度时，血液循环中红细胞数量锐减而出现贫血，称为溶血性贫血。此外，运动训练还可导致红细胞膜结构异常和变形能力下降。其具体原因可能为运动训练导致自由基增加，强化红细胞膜脂质过氧化反应；红细胞能量供应不足；血液酸化；血浆渗透压改变；激素水平变化；补体诱导的红细胞溶解；体温上升。

（三）铁代谢紊乱

血红蛋白主要作用为转运氧气或二氧化碳，血红素是构成血红蛋白的主要成分，而铁参与血红素的构成，它对维持血红蛋白的特殊功能具有重要作用。研究证实，运动训练可导致机体铁代谢紊乱并引发铁负平衡，从而导致缺铁性贫血，影响运动能力，运动性缺铁性贫血是造成运动性贫血的主要原因之一。导致铁代谢紊乱的主要原因有需要量增加；摄入不足；吸收障碍；丢失增加。

二、防治措施

运动性贫血的防治是竞技体育研究的热点。虽然运动性贫血的发生机制尚不很清楚，但相关科研人员对如何防治运动性贫血的发生和发展做了大量的工作，也取得了一定的效果。运动性贫血发生的主要原因可归结为自由基增加导致的溶血和铁代谢紊乱导致的铁缺乏。因此，防治运动性贫血主要通过补充抗氧化剂和铁剂来实现。

（一）补充抗氧化剂

现已证实，运动训练造成的自由基增加是引起血管内溶血的主要原因。应用抗氧化剂对抗运动训练引发的自由基增加，防治由此引发的溶血性贫血也已取得良好的效果。通过抗氧化剂的使用，可以增强细胞膜相结构的完整性，并可维持红细胞膜的变形能力。

（二）铁剂补充

运动性贫血中，缺铁性贫血所占比例较大，尤其是女运动员。因此，有效地补充膳食铁和铁制剂，对预防缺铁性贫血的发生具有十分重要的意义。无论膳食铁还是铁制剂，均有两种存在形式：血红素铁和非血红素铁。

1. 膳食铁补充

膳食中的铁主要为非血红素铁，一般占食物铁量的80%以上。非血红素铁生物利用率低、易致胃肠不适，运动员补铁多采用膳食铁与铁制剂相结合的方式。不同膳食含铁量不同，对于大负荷训练的运动员来说，应针对性地摄入含铁量高的食物。膳食中存在许多促进或抑制铁吸收的因素，应尽量避免摄入不利于铁吸收的因素，以维持运动员机体铁代谢平衡，维持和促进血红蛋白的合成。因此，运动员应科学合理饮食，避免不良饮食习惯导致铁摄入不足而引发铁缺乏，不吃高脂膳食；尽量少喝或不喝茶、咖啡及碳酸饮料，餐中和餐后不宜即刻饮用，避免影响膳食铁的吸收。

2. 铁制剂的补充

因大部分膳食中铁含量较低，多以非血红素铁的形式存在，且膳食中存有大量的限制铁吸收的因素，所以单靠膳食铁的摄入往往不能满足运动员对铁的需要，应以铁制剂的形式补充铁。目前，铁制剂主要有非血红素铁和血红素铁两种形式，其生物利用率不同，而且不同的铁制剂所产生的副作用也不一样。研究表明，血红素铁易于吸收、服用量少、副作用无或较轻、干扰因素少，是体育领域预防铁缺乏和缺铁性贫血的最佳补剂。无机铁（硫酸亚铁）因吸收率低、补充量及胃肠道副作用大，已不被运动员所采用；目前临床应用的有机铁制剂主要有葡萄糖酸亚铁、富马酸亚铁、甘氨酸亚铁、琥珀酸亚铁、枸橼酸铁等。另外，还有一些血红素铁和复合铁制剂（海默菲、比特铁等）也正在被使用。值得注意的是，过多摄入铁会对机体造成不良影响，影响运动员的运动能力和心血管功能。

（三）中医药的应用

中医药学认为，气、血、精、津液是维持机体生理功能的物质基础，四者皆源自五谷精微的脾胃运化，互相渗透、互相促进、互相转化。体育领域常通过补肾益气、补肾填精、补脾理气、补血等组方来提高血红蛋白的含量，借此防治运动性贫血，并结合铁制剂和抗氧化剂的补充，以期取得良好的效果。

第五节 体重相关的运动营养补剂

竞技体育中的某些项目（摔跤、拳击、举重等）是按照不同体重级别参加比赛的，还有些项目（散打、跳水、网球、短跑等）尽管不按体重级别参赛，但体重会严重影响运动成绩。一般来讲，运动员赛前总希望能很好地控制体重，争取参加较小级别的比赛，从而获得优异的比赛成绩。群众体育的一个重要目的就是控制体重，达到塑身和健身的双重效果。然而，体重控制（管理）并不是一件容易的事，通过营养补剂控制（管理）体重是一个重要的途径。

一、丙酮酸

丙酮酸在三大能源物质代谢中具有重要作用。目前丙酮酸作为运动营养补剂被广泛使用，在应用时常加入二羟丙酮。

（一）主要作用

综括相关研究结果，服用丙酮酸对机体的作用主要表现在以下几方面。

①服用丙酮酸和二羟丙酮,可以改善机体的代谢速率和身体成分,提高脂肪酸的氧化速率。具体作用机制尚不清楚,可能的原因是丙酮酸通过羟化途径生成草酰乙酸,草酰乙酸与乙酰辅酶A反应生成柠檬酸,开始三羧酸循环。草酰乙酸的增加可以促进脂肪酸β氧化生成的乙酰辅酶A进入三羧酸循环,进而被彻底氧化生成二氧化碳和水,以此加速脂肪酸代谢,改善机体成分。服用丙酮酸还可使胰岛素分泌减少,有利于脂肪的分解代谢。

②长期服用丙酮酸可提高有氧代谢能力。相关研究提示,在高糖膳食中,加服丙酮酸可提高胰岛素依赖的肌肉对血糖的利用率,从而提高有氧代谢能力。

③服用丙酮酸可改善心血管机能。主要通过降低血浆甘油三酯的水平,改善高密度脂蛋白胆固醇与低密度脂蛋白胆固醇的比值实现。

(二)副作用及服用方法

目前尚未见到服用丙酮酸副作用的报道,可见,丙酮酸可能是一个安全有效的运动营养补剂。丙酮酸主要适用于耐力性运动和对体重要求严格的运动项群。耐力性运动项目,补充丙酮酸主要通过促进肌肉吸收利用血糖、节省肌糖原来提高运动能力;体重要求严格的运动项目,补充丙酮酸主要通过促进脂肪酸的代谢、降低体脂、改善体成分、维持瘦体重等途径提高运动能力。具体服用方法为丙酮酸25g/d、二羟丙酮75g/d,为达到最佳效果,最好结合高糖膳食补充。但二者的最佳服用剂量和时间,不同运动项群服用剂量和时间及其副作用等还有待进一步深入研究。

二、左旋肉碱

左旋肉碱(L-carnitine),又称L-肉碱,是一种促使脂肪转化为能量的类氨基酸,红色肉类是左旋肉碱的主要来源。左旋肉碱是一种天然存在于人体体内的类氨基酸物质,有运输脂肪至线粒体并加速脂肪燃烧和分解的功能。对人体无毒副作用,一般每天可从膳食中摄入50mg,素食者摄入较少。左旋肉碱的主要生理功能是促进脂肪转化成能量。服用左旋肉碱能够在减少身体脂肪、降低体重的同时,不减少水分和肌肉的量。2003年,国际肥胖健康组织认定左旋肉碱为最安全、无副作用的减肥营养补剂。运动员及精神高度紧张的人群可能缺乏，尤其从事大运动量训练的运动员需要额外补充。

（一）主要作用

L-肉碱是运动界常用的营养补剂，其作用主要体现在以下几个方面。

①L-肉碱是活化的长链脂肪酸穿过线粒体内膜的载体，可促进长链脂肪酸进入线粒体基质被高活性的β-氧化酶系统所氧化，有利于节省肌糖原。

②可通过降低乙酰CoA/CoA的比值，提高丙酮酸脱氢酶的活性，加速丙酮酸的氧化利用。

③促进支链氨基酸的氧化利用，维持运动时的能量平衡。

④促进乳酸和氨的消除，有利于疲劳的恢复等。

（二）副作用及服用方法

有研究表明，服用L-肉碱可提高有氧和无氧代谢能力，但具体效果尚存争论。由于L-肉碱可促进脂肪酸的利用，因此常作为控体重项目、减少体脂含量的营养补剂。在运动训练过程中肉碱的消耗量增加，及时补充一定量的L-肉碱，对维持运动能力有积极意义。

运动中常用的补充方法为口服肉碱2~6g，分2次服用。可显著提高血浆和肌肉肉碱的浓度。因肉碱是肌肉的固有成分，小剂量补充尚未发现副作用，但大剂量补充会出现腹泻等症状。同时还应注意，D-肉碱有毒，会影响L-肉碱的合成和作用，导致L-肉碱缺乏。L-肉碱的补充对运动能力的具体效果，以及剂量与维持时间等方面的关系仍需进一步研究。

三、膳食纤维

在竞技体育运动中，运动员在承受长时间、高强度运动负荷的同时，还要根据项目特点严格控制体重。如何科学合理地减、控体重，并保持最佳的体能，是取得优异成绩的关键，也是长期困扰运动队的难题之一。膳食纤维是一类不可利用的糖类。分类及生理功能已在第二章的第二节中有详细叙述，现着重讲述其与体重控制及运动的关系。

举重、柔道、摔跤等按体重级别参加比赛的项目，运动员为参加低级别的比赛，往往在赛前采用饥饿、脱水等手段，期望短时间内使体重快速降低到参赛目标。通过这种方法，尽管运动员赛前体重达到了参赛的要求，但会造成严重脱水和多种营养素（如维生素、矿物质等）缺乏，并出现焦虑、饥饿、头晕、不易兴奋等副作用，从而使运动能力大幅降低，甚至导致比赛失利。

体操、跳水、花样滑冰等运动项目，因审美、力学及完成高难动作的要求，需长期保持低体重。这类项目的运动员往往采用严格控制饮食，甚至禁食的方法达到减重目标，但可能会引起神经性厌食症、生长发育迟缓、月经紊乱、头晕等减重综合征，不但影响训练和参赛能力，也影响身体健康水平。

运动者为实现减重目标，减轻饥饿感和由此造成的不良影响，膳食纤维是一种良好的选择。它既可减轻饥饿、缓解心理压力，也含有必要的营养素。同时，减控体重应以降低体脂为主，避免肌肉消耗和各种营养素缺乏；限食或禁食，也会导致多种营养素的缺乏。因此，运动员减控体重的营养品中，除应含有丰富的膳食纤维外，还应含有身体必需的优质蛋白质、维生素、矿物质等营养素。

第六节　运动营养补充误区

随着我国体育事业的不断发展，运动营养补充作为一种强力手段，日益受到越来越多的运动员重视。受成长环境和个人体验等因素影响，他们在使用运动营养补剂时常常会出现一些误区，及时纠正这些误区，不仅会使运动员膳食营养更加科学合理，还能助力运动员运动成绩的提高。通过调查访谈以及梳理近年来国内外相关文献，发现常见的误区如下。

一、忽视合理营养的作用

竞技体育运动中，运动员通常要承受大量的运动负荷，往往十分重视运动营养的补充，认为营养补充可以促进身体机能提高，有利于维持或提高运动能力。但他们往往忽视了合理营养的基本要求，造成营养素摄入不全面，反而事倍功半，花费了大量的经费，但是效果较差。事实上，只有合理膳食，并根据运动项目的特点，选用针对性强、安全、有效的运动营养补剂才能达到提高运动能力的目的。

二、维生素及矿物质供给不足

国内运动员膳食营养调查结果显示，其特点为高脂肪、高蛋白、高热量摄入，过分强调产能营养素的摄入，维生素、矿物质摄入不足。高蛋白和高脂肪膳食不仅热量多，还会给心脏、肝、肾等器官造成负担，影响机体对其他营养素的吸收，也会使体质酸化，影响运动能力。维生素是维持人体正常生理功能和健康必需的营养素，因饮食习惯和烹调方式不同，许多运动员存在不同程度的B族维生素和维生素A缺乏的情况。由于B族维生素是许多辅酶的重要组分，在机体代谢中具有重要作用，特别影响运动中的能量代谢，从而导致运动性疲劳的发生和发展。而维生素A与暗视野、视力、运动应激和免疫能力有一定关系，缺乏会影响运动能力的提高。

矿物质是另一类重要的营养素，对运动能力有重要影响。同样的调查结果显示，由于饮食习惯和膳食结构不合理，运动员某些矿物质摄入不足，尤其钙、铁和锌等元素常摄入不足。其中钙缺乏的运动员人数高达25%，主要原因是忽视奶、豆及其制品的摄入，应该引起足够的重视。这些营养素的缺乏会导致身体机能低下，甚至引发运动性贫血、骨质疏松等病症，损害运动能力。

三、重蛋白质、轻糖类摄入

众所周知，蛋白质和糖类都是重要的产能营养素，在机体各有重要的生理学功能，也是构成机体的重要物质。合理营养构成中，糖类、蛋白质、脂肪的供能比例一般为55%~65%、10%~15%、20%~25%。由此可见日常训练中，蛋白质并不是主要的供能物质，供能贡献低于糖和脂肪。目前运动员膳食大多采取自助餐形式，受运动员传统膳食认知的影响，普遍喜爱摄入肉类食物，而主食、蔬菜、水果和素食几乎被冷落，常导致蛋白质过量而糖类食物摄入不足。部分运动员甚至把摄入更多的动物性食物作为身体机能恢复的手段。

由于错误的膳食营养认知，致使许多运动员以为食肉才是营养，而对糖类供能的主力军作用、抗生酮作用、节省蛋白质作用及解毒保肝作用等鲜有知晓。特别是某些女运动员，因害怕增重而闻糖色变，甚至拒绝食糖，在吃糖问题上产生了误解，营养上主食摄入量很少。因此，运动员普遍存在"糖营养不良"的问题。运动营养学专家认为耐力性项目糖供能应维持在65%或更高水平，中等强度运动应为50%～55%。国外运动员同样存在糖类摄入不足的问题。1996年，亚特兰大奥运会期间，曾对数百名优秀运动员的膳食状况进行调查，结果提示国外运动员的糖类摄入比例略高于中国运动员，但也仅占总热能的45%～49%，远未达到应有标准。

就供能而言，糖类是运动员从事大负荷运动训练的最重要的能源物质。正常情况下，糖被摄入机体后经消化吸收进入血液，称之为血糖，随血液循环进入组织细胞被利用，只有当摄入的糖量大于机体需要时，糖才转化为脂肪储存备用。运动员训练期间消耗了大量的糖，需要在膳食中及时补充，才能促进训练过程中消耗的能源物质的恢复。但常由于认知错误，导致糖摄入严重不足，影响了运动训练效果和运动能力。就训练和比赛而言，糖类是最理想的能源物质，若摄入不足，将严重影响训练质量和竞赛成绩，也会影响其他物质的正常代谢。

四、重晚餐、轻早餐

合理的餐次是平衡膳食的重要保障，根据作息制度和食物消化吸收特点，国人常选用一日三餐的就餐形式，这种餐次也是运动员的常选形式。对运动员而言，一日三餐的热能分配应与训练或比赛节奏相一致。合理的一日三餐能量分配应为早餐30%、中餐40%、晚餐30%。运动员膳食调查表明，目前大多数运动员，尤其是中国的运动员和一些高水平运动员，往往忽视早餐的重要性，甚至一些运动员根本不吃早餐。运动员早餐的热能仅占全天的19%，午餐的供能比例也只有23%，而晚餐的热能摄入量却远高于正常比例，存在"早缺晚盛"的现象。这种失衡的餐次供能比例，常导致机体营养不全面，进而影响训练质量或比赛成绩。因此，无论从营养还是训练角度，都应重视早餐。

五、忽视科学补水的重要性

水和无机盐都是重要的营养素，也是机体的组成成分。水具有物质运输、体温调节、渗透压维持、润滑及参与物质代谢等作用。无机盐虽然在体内含量较少，但它在维持正常的渗透压、神经肌肉的兴奋性、酸碱平衡及酶的活性等方面具有重要作用。运动训练时肌肉做功增强，产生的热量较多，一些激素的分泌量也会增加，从而使运动员的排汗量明显增多，尤其是夏天或南方高温湿热环境，运动员排汗量进一步增加。即使是冬季室内的一堂训练课，运动员的出汗量也可高达2kg。

研究结果表明，运动中丢失的水分如果不及时补充，将导致血容量下降，心率变快，增加心脏的负担。而随着大量汗液的排出，一些无机盐也会随之流失，进而影响神经肌肉的工作能力。运动中脱水达体重的2%～3%时，体能开始下降，运动能力会受到影响。实际上，当人们感到口渴时，其脱水的程度已经达到体重的2%～3%，运动能力已经开始下降了。由此可见，运动员对补充水及无机盐的错误认知，造成以口渴作为补液的标志，不能正确选择补水时间，此时运动能力已经受到损害。在训练过程中，若口渴后补充纯净水、茶水或各种高渗饮料，会造成更多的体液丢失，进一步加剧脱水。且高渗饮料延缓了水在胃中的排空速率，造成高渗水在胃中滞留，不能及时改善机体脱水情况，影响运动能力并削弱了补液的效果。因此，运动员应及时合理补充含糖、维生素和矿物质的液体。

六、忽视食物的合理搭配

《中国居民膳食指南（2022）》第1条强调，每日饮食宜"食物多样、合理搭配"，建议平均每天摄入12种以上食物，每周25种以上。膳食中由于食材选配不当，往往会影响某些营养素的消化、吸收、代谢或营养价值，还可能造成某些营养素缺乏，从而影响运动能力。如我们最爱吃的土豆炖牛肉，这种搭配就很合理，能增进食物的营养价值。牛肉有健脾开胃功效，其肌纤维较粗且不易消化，对胃黏膜有刺激作用，而土豆富含叶酸，能保护胃黏膜，与牛肉同炖，可促进牛肉营养价值的利用。与之相反，有些搭配就不合理，如菠菜与豆腐同食，因菠菜富含植酸、铁，豆腐含硫酸钙和氯化镁等，两者结合会产生白色沉淀，人体不能吸收。烹饪前，若将菠菜在开水中烫3分钟左右，其中的草酸可减少80%，后再与豆腐炖煮，则可避免白色沉淀的产生。另外，日常生活中常将黄瓜与西红柿或青椒一起烹饪，从营养学角度看并不科学，黄瓜含维生素C分解酶，可降解西红柿、青椒中的维生素C，一起食用营养价值会降低。目前，由于部分教练员、运动员缺乏对食物科学合理搭配的知识，不能在日常膳食中利用食物相生相克的关系而趋利避害，是今后值得关注的营养学问题。

参考文献

［1］王维群.营养学［M］.北京：高等教育出版社，2005.

［2］徐晓阳.营养学［M］.北京：高等教育出版社，2014.

［3］张蕴琨，丁树哲.运动生物化学［M］.2版.北京：高等教育出版社，2014.

［4］张钧，张蕴琨.运动营养学［M］.北京：高等教育出版社，2006.

［5］张冰，仇军.运动营养指导［M］.北京：清华大学出版社，2007.

［6］高言诚.营养学［M］.北京：北京体育大学出版社，2006.

［7］杨昌举.合理膳食与科学烹饪［M］.北京：科学技术文献出版社，1999.

［8］中国营养学会.中国居民膳食指南（2016）发布［J］.中国妇幼健康研究，2016，27（5）：670.

［9］杨月欣，张环美.中国居民膳食指南（2016）简介［J］.营养学报，2016，38（3）：209—217.

［10］Oppert JM, Bellicha A, Ciangura C. Physical activity in management of persons with obesity［J］. European Journal of Internal Medicine, 2021, 93: 8—12.

［11］申晗，李红涛.藿香玫瑰复合饮料研制及抗运动疲劳作用研究［J］.食品工业科技，2021.

［12］曾佳.竞技运动员营养误区及改善途径［J］.食品与机械，2021，37（9）：218—221.

［13］刘亮，郑操.乳饮料在运动营养学中的应用研究［J］.中国乳品工业，2020，48（4）：27—29.

［14］Ellie Whitney, Sharon Rady Rolfes. Understanding Nutrition［M］. Connecticut Stamford: Thomson Learning Inc, 2008, Eleventh Edition.

［15］Rireroro F, Longobardi I, Perim P, et al.Timing of Creatine Supplementation around Exercise: A Real Concern?［J］. Nutrients, 2021, 13（8）: 2844.

［16］邓树勋，王健，乔德才，等. 运动生理学［M］. 3版. 北京：高等教育出版社，2015.

［17］陈炳卿. 营养与食品卫生学［M］. 北京：人民卫生出版社，1998.

［18］段义萍. 临床常用检验、检查及诊疗手册［M］. 长沙：湖南科学技术出版社，2002.